La vocation d'*Humanisme*

Du plus loin que je me souvienne, *Humanisme, la revue des francs-maçons du Grand Orient de France,* a toujours incarné à mes yeux la quintessence de ce qu'était l'obédience qui l'édite. Sous toutes ses formes, dans tous ses états, et quels qu'en soient les rédacteurs en chef qui s'y sont succédé, auxquels je veux rendre ici hommage (avec une pensée particulière pour Alexandre Dorna, disparu le mois dernier), l'essentiel était concentré là. Précieux. Exposé aux yeux de tous y compris hors du temple. Cette revue garantit à la fois, dans la permanence et la constance, l'intention des francs-maçons et la validité de leurs travaux. Sans se soucier de l'air du temps, mais sans déconsidérer les mutations du monde, la revue déroule dans la clarté l'article premier de la constitution du Grand Orient de France, tant elle a, d'évidence, pour objet la recherche de la vérité et l'étude de la morale.

C'est dire quelle boussole elle constitue, tandis que croît la frénésie de *l'annulation*. En effet, soudain dispensé (délivré ?) des dieux antiques au sortir du 20e siècle, le peuple désorienté, rongé par la culpabilité, (légitimement) en marche vers une société plus juste, tente d'effacer, dans une mémoire collective, ce qui produisit son propre confort matériel et les conditions d'une émancipation offerte à tous.

Annulées, l'Histoire et la description scientifique du passé, au profit d'une subjectivité revancharde qui ordonne les bons et les méchants. On segmente, on clive, on oppose, on éparpille le pacte national façon puzzle. Au point de restaurer la race dans l'allégresse.

Annulées, la Raison, l'utilité de la recherche, la quête du progrès, au profit de l'agilité des organisations, du développement personnel et des si jolies croyances tribales. On suspecte, on pèse, on condamne, on revendique pour soi. Au point d'oublier qu'un vaccin ne vaut que s'il est inoculé à tous.

Annulés, l'urbanité, la civilité, la conversation, le débat, qui s'accommodent mal des réseaux sociaux. On invective, on tranche, on excommunie. Au point de perdre le goût de dire juste. Nos invités «profanes», dans le dossier spécial de ce numéro 333 d'*Humanisme*, ne s'y trompent pas. Majoritairement sans complaisance pour l'Ordre, ils sont cependant unanimes à louer la qualité de l'écoute et de la parole qui prévaut en loge et la capacité sans égale de la franc-maçonnerie à poser les bases de l'échange respectueux d'arguments affûtés. Rien d'autre que la vocation d'*Humanisme*.

❑ Christophe Devillers

Sommaire

Humanisme — n°333 — Novembre 2021

Dossier

Regards profanes

Littérature

Chroniques humanistes

Musique

7e art

Livres

Vous avez dit : « expert » ?

Giorgio Gelsi

Une fois l'illusion des promesses du « monde d'après » l'épidémie de covid-19 dissipée, la réalité montre que notre époque a véritablement changé : les temps postmodernes ont fini par s'imposer et par structurer la société. L'essor de la figure de « l'expert » en est une manifestation.

L'expert est un évangélisateur technocratique dont la mission consiste à soumettre la société et la politique aux impératifs économiques de la mondialisation techno-libérale. Le gouvernement des experts (l'expertocratie) est une nouvelle forme d'élitisme fondée sur le vide et une arme de destruction massive de la profondeur des savoirs (et de leur transmission) et de toute véritable expérience pratique.

Portrait-robot de l'expert

L'expert est un militant de la société, du « sociétal » et du présent. Il prépare et met en œuvre la désintellectualisation de la nation en confisquant la liberté d'esprit et la capacité d'agir des véritables spécialistes. L'expert a horreur du temps long et du pérenne, de même que le travail de fond lui semble un vestige d'un autre temps. L'expert n'a pas de réelles connaissances dans un domaine précis mais des compétences adaptables à tout sujet. C'est le cas des experts qui interviennent sur les plateaux de télévision dont l'incompétence relative et le militantisme abolissent toute réflexion de fond.

L'expert prône toujours l'adaptation au présent[1] et donc le pragmatisme. Il utilise le lexique fataliste de l'inévitable et univoque évolution (*il n'y a pas d'alternative possible*) et du retard qu'il faut absolument rattraper (et qui implique le « bougisme »[2]). Sans conscience, il lui importe avant tout de se vendre, d'obtenir la bénédiction de ceux qui détiennent le pouvoir, à moins qu'il ne l'exerce *de facto* lui-même. Voilà pourquoi il a tendance à se substituer au politique qui se

[1] Barbara Stiegler, « *Il faut s'adapter* ». *Sur un nouvel impératif politique*, Paris, Gallimard, 2019.

[2] Pierre-André Taguieff, *Résister au bougisme – Démocratie forte contre mondialisation techno-marchande*, Paris, Fondation du 2 mars/Mille et une nuits, 2001.

soumet à ses avis. C'est le cas des experts qui règnent dans les cabinets ministériels et *font* la politique du Gouvernement ou des experts en pédagogie qui remodèlent le monde de l'enseignement.

L'expert est un gestionnaire superficiel et démagogue acquis à la culture de la « labélisation », à la logique du lobbying et de la compétition et à la libre concurrence sous toutes ses formes. Il façonne les esprits à travers des mots-slogans naïfs issus du monde de l'entreprise (« efficience », « modernisation », « attractivité », « rayonnement »...) et d'une certaine culture psy (« développement », « bienveillance », « empathie »...[3]). Il fait la promotion de l'interchangeabilité des individus et de la contractualisation des rapports sociaux (le paradigme du prestataire de services) et préconise l'ordre médiocre[4] qu'il déguise en « excellence », « mobilité », « qualité », « dynamisme », « compétitivité », « performance »...

L'expert ne participe donc pas à un quelconque complot mais tout simplement sert une idéologie et applique un programme techno-libéral. On ne sera pas étonné que sa source d'inspiration soit le modèle managérial anglo-saxon (le *New public management*), que ses idées et préconisations se confondent en tous points avec l'européisme[5] et qu'il prône en tous lieux l'identité post-nationale et le culte de la réforme permanente. Si l'expert se réclame de la démocratie et du droit, il confond les enquêtes d'opinion avec la première et se sert du second pour mieux affirmer une vision désincarnée de la nation. Aussi, de plus en plus, l'expert jouit-il d'une légitimité qui fait concurrence à celle de l'élu du peuple – l'élu, insistons-y, minant allègrement la sienne en s'en remettant à l'expert.

Mais comment devient-on expert ?

Devenir expert en trois points

1. Soyez carriériste : pensez avant tout à faire avancer vos dossiers, à être bien noté par la hiérarchie. Rendez-vous indispensable en faisant croire que vous êtes une pointure (pendant que les autres font le travail à votre place). Tirez la couverture à vous et sachez vous mettre sous la protection d'un clan puissant. En un mot, soyez toujours du côté du manche.

[3] Julia de Funès, *Développement (im)personnel. Le succès d'une imposture*, Paris, Éditions de l'Observatoire, 2019.
[4] Alain Deneault, *La médiocratie*, Lux, Québec, 2015. Voir la recension de cet ouvrage par Nicolas Chouin dans *Humanisme*, n° 311, 2016/2, p. 118-119.
[5] Voir David Cayla et Coralie Delaume, *10 questions +1 sur l'Union européenne*, Paris, Michalon, 2019 et Régis Debray, *L'Europe fantôme*, Paris, Gallimard, 2019.

2. Employez les éléments de langage à la mode : vous passerez pour quelqu'un de moderne, de sympa, de pointu et de « pro-actif ». Le but étant de faire illusion grâce à votre « expertise » et d'avoir le dernier mot. Embrouillez vos interlocuteurs en tenant des discours contradictoires teintés d'affects et de bonnes intentions (en apparence subversives) et par l'utilisation d'un jargon aussi creux que ronflant : vous combattrez d'autant mieux tout ce qui représente l'instruit, le cultivé ou le savant, forcément has been et hors-sol. Veillez à paraître objectif, neutre ou impartial, efforcez-vous donc de paraître à tout prix apolitique – vous êtes au-delà des misérables clivages – et cachez au mieux que vos paroles sont l'exact contraire de vos actes.

3. Faites régner la tyrannie douce : coupez les têtes qui dépassent et étouffez tout débat, toute pensée divergente, en étant exagérément poli pour paraître au-dessus de tout soupçon d'autoritarisme. Quand vous ne pouvez faire taire la contestation : faites passer votre contradicteur pour populiste, pour celui qui fait le jeu de la droite extrême. Repérez les failles du système et mettez la main sur les postes-clés afin de tirer toutes les ficelles, d'évincer ceux qui vous font de l'ombre et d'adouber ceux qui vous sont utiles.

L'expert n'est pas un savant

Les réformes éducatives des trente dernières années, en sacrifiant les humanités et la transmission des savoirs au profit du Dieu société, ont organisé un blocage des talents. Il en est de même à l'université[6], obsédée par les classements, « pilotée » par des despotes-technocrates devenus des chefs d'entreprise et entièrement tournée vers le monde économique et donc vers la fabrication technocratique et collectiviste des étudiants, notamment des docteurs pour qui « savoir se vendre » ou « monter des projets » sont des atouts incontournables pour espérer « faire carrière ».

L'« expertise » des bureaucrates-réformateurs (les technocrates au pouvoir, en France ou à Bruxelles, les conseillers ministériels, les hautes juridictions...) remplace le travail des savants et devient le cheval de Troie de l'utilitarisme et de l'asservissement du monde par un économisme obtus : l'esprit public s'efface

[6] Voir Marcel Gauchet, « Vers une société de l'ignorance ? », *Le Débat*, n° 156, 2009, p. 144-166 ainsi que le numéro d'*Humanisme* intitulé « L'université à la renverse » (n° 329, novembre 2020) et notamment l'introduction de Samuël Tomei (p. 24-31).

devant l'esprit privé. Lorsqu'un savant dégrade son savoir en le vidant de son contenu, il devient un expert militant qui sacrifie le travail de l'esprit sur l'autel de l'adaptation sociale.

Réhabiliter les savants, combattre le pouvoir des experts

Pour combattre le pouvoir des experts, il nous faut donc réhabiliter la figure du savant qui a toute sa place en République. Il nous faut également un peuple instruit et des représentants qui contrôlent en permanence les savants afin qu'ils n'endossent pas les habits de l'expert[7]. Ce qui suppose que les ministres soient choisis parmi les parlementaires et non parmi des personnes (supposées « expertes » dans leur domaine) de la « société civile ».

Soyons lucides, les experts ont pris le pouvoir et nous ne les délogerons pas de sitôt. Il nous faut donc continuer à démasquer leur imposture, à critiquer et combattre leur conformisme et les effets délétères de leur action et à former les esprits à travers une recherche de la vérité fondée sur la culture, la conscience historique et le travail intellectuel. Soyons audacieux et n'ayons pas peur de nous faire traiter de conservateurs car il s'agit surtout de conserver les grands principes qui fondent l'humanisme.

On connaît des hommes fort habiles et intelligents, mais qui, peut-être, par l'habitude des affaires, penseront un peu trop à leur fortune, ou bien exerceront volontiers un pouvoir tyrannique, comme ils font naturellement chez eux et dans leur métier. Ainsi leur science pourra bien nous coûter cher. J'aimerais souvent mieux un honnête homme qui n'aurait pas trop réussi. Bref, je ne désire pas avant tout des Compétences.

Et pourquoi ? Parce que nous en avons autant qu'il nous en faut dans les services publics. La Cour de Cassation et le Conseil d'État connaissent profondément les lois. La Cour des Comptes a la science des Finances publiques. Tous les ministères ont des directeurs fort instruits. La guerre et la marine dépendent d'hommes qui connaissent leur métier. En fait les Compétences sont aux affaires. Il reste à les surveiller, et ce n'est pas si difficile. ❑

Alain

[7] Alain, *Propos sur les pouvoirs*, Paris, Gallimard, 1985, p. 136-144, Voir en particulier la p. 137. En effet, le philosophe souhaite que les politiques contrôlent les experts qui n'ont pas vocation à prendre de décision politique.

Et si l'on oubliait Ramsay pour ne se souvenir que de son discours ?

Cécile Révauger

« Les Hommes ne sont pas distingués essentiellement par la différence des langues qu'ils parlent, des habits qu'ils portent, des pays qu'ils occupent et des dignités dont ils sont revêtus. Le monde entier n'est qu'une grande République donc chaque nation est une famille et chaque particulier un enfant. C'est pour faire revivre et répandre ces essentielles maximes prises dans la nature de l'Homme que notre Société fut d'abord établie. Nous voulons réunir tous les Hommes d'un esprit éclairé, de mœurs douces et d'une humeur agréable, non seulement par l'amour des beaux-arts mais encore plus par les grands principes de la vertu, de science ou de religion, où l'intérêt de la confraternité devient celui du genre humain tout entier, où toutes les Nations peuvent puiser des connaissances solides, et où tous les sujets de tous les Royaumes peuvent […] apprendre à se chérir mutuellement sans renoncer à leur Patrie. »

Ainsi s'exprimait le Grand Orateur de la Grande Loge de France, dans son célèbre discours vraisemblablement prononcé à deux reprises, mais avec quelques différences, en 1736 et 1737 et publié en 1738. Rappelons que cette Grande Loge était l'ancêtre du Grand Orient de France, fondé en 1773. Ce merveilleux discours est à juste titre devenu emblématique de l'esprit des Lumières et du lien intrinsèque entre ces Lumières et la franc-maçonnerie. La loge d'études et de recherche République Universelle, fondée à Paris en janvier 2019, l'a d'emblée incorporé dans sa charte[1]. Est-ce à dire que l'auteur de ces lignes, le Chevalier de Ramsay, doive aussi devenir une icône de la franc-maçonnerie ? Un texte est d'autant plus fort qu'il a un devenir indépendamment du contexte dans lequel il a été produit, qu'il n'est donc pas enfermé dans une temporalité, et qu'il peut survivre à son auteur. Si un Montesquieu, un Voltaire, ou un Condorcet restent à juste titre gravés dans nos mémoires, Ramsay, qui au demeurant a peu écrit en dehors des *Voyages de Cyrus* (1717), ne méritait sans doute pas un tel hommage. Il ne s'agit nullement de déboulonner virtuellement une statue, à l'heure où cette fâcheuse pratique semble être à la mode, mais d'abandonner le regard naïf du croyant, pour tenter de percevoir l'homme que fut Ramsay.

[1] *Les Cahiers de République Universelle, Une loge d'études et de recherche du Grand Orient de France*, Paris, Editions Matériologiques, n°1, 2021, p. 125.

Pierre Chevallier, Daniel Ligou et Charles Porset nous ont ouvert la voie, à travers quelques remarques discrètes au détour de leurs écrits. Dans son introduction à l'édition de 1723 des *Constitutions d'Anderson*, Ligou parlait déjà du « trop célèbre discours de Ramsay » et citait son homonyme, l'historien Pierre Chevallier, qui constatait chez Ramsay un « retour à une parfaite orthodoxie catholique »[2]. Quant à Charles Porset, il expliquait que la mode des Templiers nous venait directement de Ramsay. Jusqu'au Chevalier Ramsay, les maçons étaient heureux de revendiquer des origines opératives, d'avoir recours à la symbolique des maçons de métier, mais après lui, il devint de bon ton de rechercher des origines plus chrétiennes et plus nobles tout à la fois, en invoquant les Templiers : *« C'est Ramsay, dont l'influence ne doit cependant pas être surestimée, qui donnera son tour particulier à la maçonnerie française puis continentale en affirmant ex abrupto aux maçons médusés que leurs ancêtres étaient les Croisés. En d'autres termes, que la Lumière était du côté de la Terre Sainte : il coupait ainsi court à ce qui avait fait l'esprit de la maçonnerie à ses origines »*[3].

Pierre Chevallier nous rappelle que le discours fut prononcé dans le but de convaincre Fleury de ne pas interdire la franc-maçonnerie et de faire de l'Ordre une institution patronnée par le pouvoir royal. Bien que déiste à l'origine, Ramsay, en devenant l'ami et le disciple de Fénelon, s'était converti au catholicisme. La tentative de Ramsay échoua, Fleury condamnant la maçonnerie, tout comme le pape Clément dans sa Bulle *In eminenti apostolatus specula* de 1738. Le discours prononcé en 1737 fait moins référence à l'Ancien Testament que le premier, mais tous les deux donnent pour point de départ à l'Ordre les Croisades. Chevallier note que le Rite écossais ancien et accepté s'appropria le symbolisme des Croisés mis à l'honneur par Ramsay. Certes, tout discours est complexe ; il faut se garder de simplification excessive. La richesse du discours de Ramsay réside justement dans cette ambivalence : tout en donnant aux maçons des origines spécifiquement chrétiennes en les faisant descendre des Croisés, il affirme que « *la maçonnerie n'est que la résurrection de la tradition noachique, celle du patriarche Noé, religion universelle, antérieure à tout dogme, qui permet de dépasser les différences et les oppositions des confessions* », comme nous l'explique Pierre Chevallier[4].

---

[2] Daniel Ligou, *Constitutions d'Anderson*, Paris, Lauzeray International, 1978, Introduction, p. 13.

[3] *Les Constitutions d'Anderson*, édition de La Tierce 1742, Éditions A l'Orient, 2006, p. 242.

[4] Pierre Chevallier, *Histoire de la franc-maçonnerie française*, Paris, Fayard, 1974, tome 1, p. 20.

Qui donc était cet Andrew Michael Ramsay, alias Chevalier de Ramsay, né en 1686 à Ayr en Ecosse ? Il fait des études de théologie à Glasgow puis à Edimbourg. Le presbytérianisme de son père le révulse ; il est séduit par le cercle mystique d'Aberdeen fondé par George Garden. Il est nommé précepteur à Londres chez le comte de Wemyss, avant de se rendre en Hollande et à Paris, dans la tradition du *Grand Tour* de l'époque. A Blois, en 1714, il s'installe chez Madame Guyon, mystique quiétiste défendue par Fénelon contre Bossuet, et condamnée par Rome. Secrétaire de Madame Guyon, il se retrouve au cœur d'un réseau mystique à l'échelle européenne[5]. La perméabilité de Ramsay au quiétisme, aux conceptions du «pur amour» de Madame Guyon, aux philosophies orientales, voire à la métempsychose, sa méfiance à l'égard des dogmes, son ouverture à des conceptions parfois considérées comme déviantes, telles que celles d'Antoinette Bourignon ou Madame Guyon, suffisent-elles à en faire un homme des Lumières ? Il est permis d'en douter.

A Cambrai, Ramsay rencontre Fénelon dont il devient le disciple. Sa conversion au catholicisme lui ouvre la porte de la noblesse et surtout de l'entourage du prétendant Stuart Jacques III à Saint-Germain-en-Laye. En 1723, il reçoit du prétendant un certificat de noblesse tout en devenant «chevalier de Saint Lazare».

Ce sera désormais un fervent jacobite, donc un partisan du retour des Stuart, du renversement des Hanovre mis en place dans le sillage de la Glorieuse Révolution. Deux révoltes jacobites, en 1715 et 1745, échouent, mais secouent tout de même l'Angleterre. Rappelons que les Stuart, soutenus par les tories, étaient partisans de la monarchie absolue de droit divin, tandis que les whigs, partisans des Hanovre, avaient mis en place une monarchie parlementaire. De plus, les whigs avaient donné aux dissidents religieux protestants la liberté de culte, alors qu'ils avaient été persécutés du temps des Stuart. Les whigs se reconnaissaient dans les principes philosophiques de Locke et de Newton, contrairement aux tories.

Or, malgré ses sympathies jacobites, Ramsay est reçu à la célèbre loge *The Horn* de Londres le 17 mars 1730 par le duc de Richmond, la même année que Montesquieu[6]. Bien que la date exacte de sa réception en franc-maçonnerie ait parfois été contestée, elle semble aujourd'hui probable. La Grande Loge d'Angleterre, vraisemblablement fondée en 1721 (certains disent encore 1717), avait pourtant toujours soutenu les whigs, partisans de la monarchie parlementaire et de la tolérance

[5] Jeff Van Bellingen, « Ramsay, Andrew Michael, Chevalier de (1686-1743)", dans Charles Porset et Cécile Révauger, *Le Monde Maçonnique des Lumières*, Paris, Champion, 2013, III, 2345-2350.
[6] Jeff Van Bellingen, *ibid*..

envers les dissidents religieux. Comment expliquer ce bruit soyeux des vestes que l'on retourne ? Certains ont avancé l'hypothèse que Ramsay ait joué un double jeu, ait travaillé comme espion pour le compte des Hanovriens. C'est possible, mais en l'absence de preuve, mieux vaut ne pas épiloguer. Il est bien plus probable que Ramsay ait eu la prudence de garder des liens avec des Anglais proches du pouvoir, d'étendre son réseau social sans s'embarrasser de trop de principes. Ce fut le cas du poète Alexander Pope ou de l'écrivain Jonathan Swift, tous deux également francs-maçons, jacobites de cœur, mais qui se firent une raison en se rapprochant du pouvoir britannique et donc des whigs.

Comme le personnage relève des mythes et légendes de la franc-maçonnerie, il a suscité beaucoup d'intérêt, souvent de façon plus poétique qu'historique. Nul n'est prophète en son pays, mais c'est un fait : Ramsay est aujourd'hui beaucoup plus connu des francs-maçons français que britanniques. Fondamentalement, Ramsay ne pouvait qu'être en désaccord avec la franc-maçonnerie d'Anderson : sur le plan religieux, il était certainement prêt à accepter ses conceptions latitudinaires. Cependant, il en allait différemment de l'article sur le pouvoir civil dans lequel Anderson prenait garde de se démarquer des théories *tory* de monarchie de droit divin. Lorsqu'Anderson écrivait que les loges ne devaient pas encourager les rebelles contre l'État mais ne pouvaient pas non plus les exclure pour ce seul motif, il se situait dans la droite ligne des traités de Locke et il est probable qu'il cherchait avant tout à écarter les doctrines *tory* de « non résistance » et d'« obéissance passive » du peuple. Ce ne sont pas les conceptions de Ramsay qui ont prévalu dans l'histoire de la franc-maçonnerie britannique mais bien celles d'Anderson et de ses successeurs. Comme la franc-maçonnerie des Hanovre a eu beaucoup plus d'influence que les rares loges jacobites du début du siècle, à long terme il en fut de même en France. Le seul point d'accord entre Ramsay et Anderson concerne la dangerosité des femmes, à une époque où, il est vrai, pareille posture semblait naturelle. Évoquant quelques écarts commis par les frères, Ramsay préférait exclure les femmes de la République Universelle :

« *La source de toutes ces infamies fut l'admission des personnes de l'un et de l'autre sexe aux assemblées nocturnes contre la primitive institution. C'est pour prévenir de semblables abus que les femmes sont exclues de notre Ordre. Ce n'est pas que nous soyons assez injustes pour regarder le sexe comme incapable de secret, mais c'est, parce que sa présence pourrait altérer insensiblement la pureté de nos maximes et de nos mœurs :*

Si le sexe est banni, qu'il n'en ait point d'alarmes,
Ce n'est point un outrage à sa fidélité ;
Mais on craint que l'amour entrant avec ses charmes,
Ne produise l'oubli de la fraternité.
Noms de frère et d'ami seraient de faibles armes
Pour garantir les cœurs de la rivalité. [7]»

Faut-il oublier Ramsay ? Peut-être. Est-ce une raison pour oublier son discours ? Certes pas. Laissons ce discours poursuivre sa route à travers les siècles, une fois abandonnés les préjugés contre la moitié de l'humanité, pourvu qu'il continue à véhiculer ces valeurs qui nous sont si chères de fraternité et d'égalité, et la perspective d'une République universelle. ❏

[7] *Le Discours de Ramsay*, 1738 http://reunir.free.fr/fm/txthisto/ramsay1.htm

Discours au Père Lachaise – 29 mai 2021

Georges Sérignac,
Grand Maître du Grand Orient de France

Chaque année, le Conseil de l'Ordre du Grand Orient de France invite à un rassemblement des francs-maçons au « Père Lachaise ». Loges parisiennes et de province, dignitaires des obédiences amies, les délégations s'y pressent pour former un torrent coloré et recueilli qui remonte les allées du cimetière jusqu'au Mur des Fédérés, là où 147 combattants de la Commune de Paris trouvèrent la mort durant la semaine sanglante en 1871. Vient ensuite le moment où le Grand Maître du Grand Orient prononce, à l'adresse de ses invités, une allocution attendue. Après le rassemblement de 2020 exceptionnellement annulé pour cause de crise sanitaire, le propos du nouveau grand maître Georges Sérignac revêtait un caractère symbolique important.

Ici, le 28 mai 1871, 147 Fédérés furent exécutés sommairement puis jetés dans une fosse commune ouverte sous le sol que nous foulons ce matin.

Dans les jours suivants, les Versaillais y ensevelirent également les dépouilles des autres communards morts dans les quartiers voisins sous les balles d'un pouvoir assassin.

Chaque 1er mai depuis 25 ans à l'initiative du Grand Orient de France, les Francs-maçons célèbrent leur mémoire en se réunissant au Mur des Fédérés, lieu de recueillement mais aussi d'espoir et d'exigence.

Par cette manifestation unitaire, le Grand Orient de France, avec les Sœurs et Frères des principales Obédiences libérales amies, la Grande Loge de France, le Droit Humain, la Grande Loge Féminine de France, la Grande Loge Mixte de France et la Grande Loge Mixte Universelle, témoignent de la cohérence philosophique, philanthropique et morale de la franc-maçonnerie, fille des Lumières, dont la raison d'être est l'édification d'une société meilleure, plus juste, plus fraternelle.

Cette manifestation unique dans son expression traduit l'indéfectible attachement de la franc-maçonnerie libérale à la République dont l'idéal matriciel inspira ses fondateurs, et que les générations de sœurs et de frères qui leur ont succédé, construisent depuis, sans relâche, patiemment et inlassablement.

Elle souligne également la dimension prépondérante à la fois spirituelle et politique qu'accorde la franc-maçonnerie à la mémoire et au temps long, le temps de la perspective, de la mise à distance, de la durée.

Les circonstances sanitaires ont reporté d'un mois notre traditionnel rassemblement mémoriel et c'est donc aujourd'hui, 150 ans et un jour après, que nous sommes réunis à l'endroit même de cette funeste exaction, au pied de ce Mur qui porte à jamais ces stigmates de l'histoire de notre pays.

Conclusion tragique de la semaine sanglante, cette infamie reste emblématique de la violence dont est capable le pouvoir quand il n'a plus pour seul recours que la force des armes face à la remise en cause de l'ordre qu'il veut imposer.

En écrasant par le fer et par le feu cette insurrection révolutionnaire, Thiers et les Versaillais, qui pensaient l'anéantir et la précipiter dans l'oubli, lui ont donné l'éternité et la force du mythe.

Par leur courage, mais également par leur action législatrice qui sera un déterminant républicain majeur malgré sa brièveté, les communards se sont gravés en 72 jours dans la mémoire collective.

Ainsi, la laïcité et l'égalité entre les hommes et les femmes, clés de voûte de la République universelle, structurèrent prioritairement la Commune.

La Commune décréta la séparation de l'Église et de l'État, la suppression du budget des cultes, la laïcisation des services publics et notamment des hôpitaux. Elle instaura le développement des bases de l'école laïque, instituant la gratuité, le droit pour les filles à l'instruction laïque et à la formation professionnelle créant les premières écoles primaires de filles.

La Commune, c'est aussi, l'égalité des salaires, le droit au divorce pour les femmes, l'égalité entre enfants légitimes et naturels, épouses et concubines et l'abolition de la prostitution.

On lui connaît de nombreux autres projets, pionniers de notre République, tels l'abolition de la peine de mort, la révocabilité des élus, la gratuité de la justice, le développement de modèles de coopératives de production, la réduction de la journée de travail, la suppression des amendes patronales, etc.

Comment ne pas voir apparaître en filigrane sous cette exigence d'égalité démocratique, de justice sociale et de solidarité, notre idéal maçonnique ?

Les travaux des historiens démontrent combien les loges furent un creuset politique dans les années qui précédèrent la Commune.

Nul n'ignore à quel point ensuite, les francs-maçons furent associés à la IIIe République, celle des grandes lois laïques républicaines, la seconde partie du XIXe siècle installant définitivement nos loges dans un processus historique maçonnique français cohérent débuté plus d'un siècle auparavant.

L'évolution propre de la Maçonnerie française s'est en effet rapidement émancipée de l'influence de la Maçonnerie anglaise. Tout en conservant le socle initiatique commun, la pratique rituelle et la méthode symbolique, sans lesquels l'essence même de la franc-maçonnerie disparaîtrait, en maintenant également au cœur de son action l'entraide et la solidarité, essentielles et structurantes dans notre Ordre, la Maçonnerie française s'est différenciée en assumant et développant la dimension sociétale et citoyenne du travail maçonnique. En même temps, l'élargissement du cercle de la raison qui la guide depuis ses origines, aboutira au convent de 1877 à son émancipation de toute tutelle religieuse en abandonnant l'obligation de croyance et en établissant la liberté absolue de conscience comme précepte fondamental du Grand Orient de France.

Dans cette évolution originale française de l'interprétation de l'idée maçonnique comme de la réalisation de son fait, la seconde partie du XIXe siècle fut probablement un moment crucial.

Les frères de l'époque, en effet, en s'opposant au conservatisme catholique ultramontain monarchiste, se rassemblèrent dans le combat laïque et républicain anticlérical.

Les évènements de 1870-1871 et la Commune furent l'occasion d'une cristallisation de cette situation. En communiquant publiquement par le Manifeste du 8 avril puis en intervenant officiellement par l'envoi d'une délégation auprès du gouvernement de l'époque pour que cessent les affrontements sanglants, les francs-maçons s'engagèrent d'abord dans une logique de négociation.

Puis, devant l'intransigeance de Thiers, la plupart se rallieront à la Commune.

Dès lors majoritairement acquis à la révolution, le défilé du 29 avril 1871, sous les bannières de leurs Loges marquera une nouvelle étape de l'engagement de la franc-maçonnerie dans la cité avec pour prolongement, la participation effective de nombreux Frères aux combats.

Par la réalité historique de l'engagement physique d'un nombre important de francs-maçons aux côtés des insurgés, par les conséquences de l'implication des loges au cours de cette période, par la force de la mystique dont elle fait l'objet, la Commune est un moment déterminant dans la geste de la franc-maçonnerie française libérale.

Au-delà de l'imprégnation dans les esprits de l'image de frères en décors participant à l'insurrection sur les remparts et les barricades en qualité de francs-maçons, l'engagement politique et citoyen des francs-maçons, à travers leurs travaux en loge et au-delà, prit alors un tour décisif.

En considérant l'engagement dans la Cité comme inséparable de la dimension initiatique de l'Ordre, notre franc-maçonnerie réalisait sa mue définitive, elle devenait ce qu'elle était fondamentalement, un Ordre initiatique humaniste au service de la cité, une fraternité en action au service de l'intérêt général.

Les premiers discours d'orateurs francs-maçons restés célèbres assignaient déjà un rôle moral et politique à l'Ordre dans l'organisation de la cité vers la république universelle, et, depuis ses origines, que ce soit par le travail des idées, ou, quand les circonstances l'exigent, sous d'autres formes, la franc-maçonnerie libérale s'est toujours comportée en compagne dévouée de la République. Et c'est probablement parce que la Commune est un point nodal essentiel du combat républicain que les francs-maçons de nos obédiences tiennent à la célébrer.

Au pied du Mur des Fédérés, en commémorant les 147 martyrs fusillés puis jetés dans une fosse commune, nous refusons d'oublier le combat pour la liberté et la justice.

Les frères de cette période à qui nous avons rendu hommage en ont été des figures.

Charles Amouroux, important dirigeant de la Commune déporté par les Versaillais, Auguste Blanqui, qui vécut la majeure partie de son existence incarcéré mais ne recula ni n'abandonna jamais, Jean-Baptiste Clément, auteur inoubliable du « Temps des cerises », Prosper-Olivier Lissagaray, auteur d'une *Histoire de la Commune* devenue un ouvrage de référence, et Eugène Pottier, dont *l'Internationale* a connu le destin que nous lui savons.

Ces francs-maçons communards, et d'autres, anonymes, ont combattu pour leurs idées, allant jusqu'au sacrifice de leur vie ou de leur liberté pour que triomphe le projet républicain humaniste universaliste.

Parmi les communards non francs-maçons, célébrons les nombreuses femmes, héroïnes oubliées par le récit du patriarcat à l'exception de Louise Michel, citons, Nathalie Lemel et Elisabeth Demetrieff, fondatrices de l'Union des femmes,

Victorine Rouchy, Léontine Suéten, et les innombrables autres, condamnées, déportées ou mortes sous les balles des Versaillais.

Elles ont combattu pour leur émancipation, leur liberté, pour l'avènement de la République. Ce n'est que quelques années plus tard que celui-ci est advenu.

Peu à peu, loi après loi, entre avancées et reculs, le projet républicain démocratique, laïque et social s'est mis en place. Il reste encore imparfait, mais son modèle continue d'inspirer les peuples du monde, quoique veuillent faire croire ses concurrents et adversaires.

Pour autant, depuis quelques années, la vague républicaine s'affaiblit, laissant la place à un reflux risquant d'emporter avec lui nos valeurs les plus essentielles.

La République recule, laissant s'accroître les inégalités et les fractures sociales.

Des vents mauvais grondent, enflent et soufflent sur notre pays.

De plus en plus menaçants, ils s'accumulent, jour après jour, année après année.

Jusqu'où et jusqu'à quand ?

Le spectre d'une arrivée au pouvoir de l'extrême-droite, avec son cortège de reculs démocratiques et républicains, est dans tous les esprits.

Sur la place publique, les discours de haine et d'exclusion dont beaucoup pensaient la Nation prémunie, se multiplient, annonciateurs des plus sombres lendemains.

Complexité, retenue et nuance disparaissent du débat public, évincées par simplification, excès et outrance.

En miroir de l'extrême-droite et la renforçant, le surgissement au premier plan de combats identitaires minoritaires de toute nature méconnaît le risque d'une fragmentation de la société en groupes rivaux, générant des replis communautaires porteurs de division et de violences civiles.

Face à ces risques tous azimuts de dévoiement et de déchéance de la République, et alors que le chef de l'État n'a pas souhaité commémorer les 150 ans de la Commune, lui préférant d'autres symboles, nous, francs-maçons ne pouvons rester absents ou silencieux.

La Commune, malgré sa fin tragique, a été un moment fondateur populaire animé de l'enthousiasme que peut procurer la République quand elle accomplit l'authentique égalité démocratique et trouve son aboutissement dans la justice sociale, seule véritable expression de la solidarité.

Le Mur des Fédérés ne peut pas être seulement une douleur et si l'Histoire est mémoire et souvenir, elle est aussi espoir.

Les francs-maçons, en ralliant la Commune, ont contribué par leur courage et leur sacrifice à donner toute sa portée et son étendue à la dimension républicaine de l'engagement maçonnique, acceptant de payer de leur mort ou de leur liberté, la victoire de leurs idées.

Inspirons-nous du sens profond de leur courage qui, voici 150 ans, les firent s'engager dans ce combat. Les francs-maçons, hommes et femmes de paix et de fraternité, n'ont pour armes que leur conscience et leur conviction. Mais animés de leur volonté et de leur détermination, ils continueront à travailler sans relâche pour défendre la République.

C'est à nous, avec tous les républicains sincères, de ne pas oublier les héros de la Commune, non pas seulement le jour d'un hommage, mais à chaque instant de notre engagement, pour la République.

Rassemblons nos forces au service de notre idéal de liberté, de justice et de fraternité.

Le grand œuvre de la République indivisible, laïque, démocratique et sociale, reste encore à bâtir. À nous de faire qu'un jour, même si ce n'est que pour les enfants de nos enfants, il puisse enfin être juste et parfait. ❑

Osez Joséphine

Laurent Kupferman

En écho aux propositions de Jean-Louis Debré, auquel il rend volontiers hommage, l'essayiste Laurent Kupferman est à l'initiative de la pétition Osez Joséphine qui demandait l'entrée au Panthéon de la chanteuse de music-hall Joséphine Baker. Ce sera chose faite à l'issue d'une cérémonie qui aura lieu le 30 novembre 2021. C'est aussi une résistante de la première heure, une humaniste et une franc-maçonne qui franchiront les portes du Panthéon.

Freda Josephine McDonald est née en 1906 à Saint-Louis dans le Missouri aux États-Unis d'Amérique dans une famille métissée, d'origine espagnole, afro-américaine et amérindienne, extrêmement pauvre. Son destin aurait dû être celui des habitants des ghettos noirs dans un pays où le racisme et la ségrégation étaient un fait social majeur. Très jeune, elle doit travailler et est placée comme employée de maison dans des familles américaines blanches. Joséphine sue sang et eau de 5 heures à 22 heures, cumulant la scolarité obligatoire et les lourdes tâches ménagères lui permettant de gagner un pécule, bien maigre mais indispensable pour subvenir aux besoins de sa famille.

Une première fois, le destin vient pourtant frapper à sa porte. Après une expérience violente au sein d'une famille peu scrupuleuse, Joséphine est placée auprès du couple Mason, où elle dispose de sa propre chambre. Un soir, Madame Mason emmène Joséphine au théâtre où elle assiste pour la première fois à un spectacle de chant et de danse. Joséphine est éblouie et sait désormais ce qu'elle veut faire de sa vie : devenir une grande interprète du music-hall. Confrontée dès son plus jeune âge à la misère sociale et aux injustices de l'inégalité raciale, elle sera aussi la victime non-consentante du désir de Monsieur Mason. Ainsi sera toujours marquée la vie de Joséphine Baker : rien, jamais, ne lui fut acquis. Obligée de se battre contre les injustices de la vie, elle se forge un caractère et une force hors du commun qui la conduiront des ghettos de Saint-Louis jusqu'en cette fin 2021, au Panthéon de la République française. Arrivée à l'âge de 19 ans à Paris, Joséphine Baker, meneuse de la Revue Nègre donnée au Théâtre des Champs-Élysées, conquiert d'emblée le cœur des Parisiens, et en quelques années, du monde entier. Mais elle braque contre elle les plus conservateurs : en France comme ailleurs, on n'aime pas voir une femme, noire et nue, divorcée qui plus est, danser en vedette sur une scène.

En 1937, elle épouse Jean Lion, le richissime sucrier créateur du célèbre bonbon *la pie qui chante*, et demande à devenir française. Elle songe même à se convertir au judaïsme – Jean Lion est le pseudonyme de Jean Lévy - en pleine montée de l'antisémitisme. Puis une fausse couche vient briser cette union fragile : Joséphine n'est pas faite pour la vie oisive de grande bourgeoise.

Dès la guerre déclarée en 1939, Joséphine Baker se rend à l'État-major des armées françaises et demande à être reçue. « *La France m'a tout donnée. Je lui donne ma vie. Faites de moi ce que voulez !* » : ainsi est Joséphine Baker, femme libre, courageuse, entière, qui incarne les valeurs de la République française – celle des droits et des devoirs -, faisant de la France, qui l'a accueillie à bras ouverts et où depuis le 26 aout 1789, « les Hommes naissent demeurent libres et égaux en droit », le pays de tous les possibles. Désespérée par la capitulation, Joséphine Baker rejoint la résistance dans le sillage du Général de Gaulle et se battra jusqu'au dernier jour pour aider son pays. Elle recevra d'ailleurs les honneurs militaires lors de ses funérailles en France.

Femme engagée sur le front de toutes les injustices, elle se bat contre le racisme aux États-Unis d'Amérique. Elle est aux côtés du pasteur Martin Luther King lors de la marche de Washington. Elle sera la seule femme à y prendre la parole, en uniforme de l'armée de l'air française, avec toutes ses décorations, envoyant au monde un double symbole, celui de la fraternité universelle et des valeurs de la République française. Elle milite également bien entendu en France, avec la Licra dont elle est toujours membre d'honneur.

Joséphine Baker, c'est aussi cette mère courage qui adopte douze enfants venus des quatre coins du monde pour mettre en pratique son amour de l'Humanité et de la Fraternité universelle. Joséphine Baker utopiste ? C'est bien la moindre des choses pour une Sœur. Car Joséphine Baker fut en effet initiée le 6 mars 1960 au sein de *La Nouvelle Jérusalem*, à la Grande Loge Féminine de France. Si elle n'y brillait pas par sa présence régulière, elle n'en incarne pas moins un magnifique symbole. Oserai-je ajouter que nombre de nos frères, parmi les plus célèbres, ne furent pas plus assidus que Joséphine Baker ?

Dans un monde qui se replie sur lui-même, dans lequel les communautarismes prospèrent autant que le racisme et l'antisémitisme, les combats de Joséphine

Baker font plus que sens. Ils sont inspirants et modernes, comme l'a rappelé le Président de la République qui a décidé de lui ouvrir les portes du Panthéon.

C'est un honneur rare et mérité pour celle qui incarne à plus d'un titre le triptyque de notre République française : femme libre, avec le désir d'égalité chevillé au cœur, elle agit dans un seul et unique objectif : la promotion de la fraternité universelle. « *Pas mal pour une petite noire de Saint-Louis* », disait-elle lors de sa dernière tournée aux États-Unis, à Carnegie Hall, l'un des temples new-yorkais de la musique. Ma Très Chère Sœur Joséphine, c'est bien plus que cela, c'est historique et cela nous offre un peu de lumière dans ce monde bien sombre. ❑

Hommage à Alexandre Dorna (1945-2021)

Samuël Tomei

Alexandre Dorna** a été **le directeur de la rédaction d'Humanisme durant cinq années, entre 2008 et 2013. Après avoir fui la dictature de Pinochet en 1974, ce Chilien d'origine a poursuivi en France ses études dans la filière dans laquelle il s'était engagé dans son pays, pour finir professeur émérite de psychologie sociale et d'histoire de la psychologie à l'université de Caen à la fin de sa carrière. Ses travaux sur la psychologie politique font référence aujourd'hui. Samuël Tomei, qui lui a succédé en 2013 à la direction de la rédaction d'Humanisme, lui rend hommage.

Avec Alexandre disparaît un homme libre qui nous était cher. Sa vie entière est l'illustration de la maxime selon laquelle l'esprit de parti tue l'esprit. Son rejet viscéral de tout dogmatisme, sa jalouse indépendance paraissaient tenir de son tempérament ; sans doute ont-ils été renforcés par l'expérience de la dictature. Il était pudique et c'est souvent par un tiers qu'on apprenait son passage par les geôles du régime de Pinochet, en 1973 ; une blessure sans doute jamais refermée et qui n'a pas peu contribué à sa réticence vis-à-vis de l'ordre. Si bien qu'il pouvait dérouter par une joyeuse anarchie mais, comme disait Péguy, mieux vaut un fatras vivant qu'un ordre mort. Il suffit pour le mesurer de prendre le numéro un – et numéro unique, publié à l'automne 1994 – des *Cahiers radicaux*, une des revues qu'il avait fondées ; dans son éditorial, intitulé « De bric et de broc », il récusait l'esprit de système et annonçait des rubriques «volontairement hétéroclites» et le sérieux du projet, ajoutait-il, « n'exclut ni la drôlerie, ni la gourmandise », aussi, à côté d'études théoriques solides, pouvait-on lire une fiction du président du parti ou un article sur le curry et la religion en Inde. Tout Alexandre était dans ce foisonnement. Seulement, qu'on ne s'y trompe pas, c'est un ordre bien vivant parce que mouvant qui résultait de cette profusion et les travaux d'Alexandre ne dérogeaient pas à la rigueur universitaire. Rétif, donc, à un ordre pré-établi, figé, il l'était aux hiérarchies, à l'autorité où il décelait vite l'autoritarisme – au fond de tout républicain sommeille un anarchiste.

Les plus authentiques républicains, personnalités puissantes, ont ainsi toujours été difficiles à classer. « Radical contre les radicaux » écrivait Albert Thibaudet à propos de Clemenceau. Alexandre était de cette trempe et même s'il a appartenu de nombreuses années durant au mouvement des radicaux de gauche, non seulement il était parmi eux à part mais il défendait une idée noble du radicalisme souvent en dépit des radicaux eux-mêmes. Il a, à la tête de l'Institut d'études radicales, modeste groupe d'amis venus de tous horizons, dans le milieu des années 1990, contribué à renouveler la doctrine radicale, faisant fond sur la pensée de figures intellectuelles injustement oubliées et dont il tenait à transmettre la substance. Théoricien, c'était en outre un praticien et il a pendant plusieurs années, en tant que maire adjoint de la ville d'Herblay, frotté ses réflexions à la rugosité de la réalité, mesuré la fragilité des idéaux face aux structures administratives qui finissent, estimait-il, par assimiler jusqu'aux hommes les plus vertueux.

Il a rendu au centuple ce que la France lui a donné en l'accueillant et en en faisant un de ses fils, aimant et exigeant. Du grand homme d'Alexandre, Gambetta, Clemenceau a dit à la fin de sa vie : « J'ai rarement rencontré un homme aussi bien doué comme cœur et comme intelligence. C'était aussi une belle âme, dans toute l'acception du mot, et un ardent patriote. » Qualités qui s'appliquent d'évidence à Alexandre. Il admirait dans le Cadurcien le résistant qui continue le combat quand, tout semblant perdu, les autres flanchent, mais également le propugnateur des idéaux issus de la Révolution française. C'est d'ailleurs le nom de Léon Gambetta qu'a choisi ce maillon de pur métal lorsqu'il a fondé une loge, en juin 2000, au Grand Orient de France.

Professeur de psycho-sociologie politique à l'université de Caen, il a mené sur le charisme et le populisme des travaux novateurs en ce qu'ils s'affranchissent des idées reçues. La fonction du charisme, dans un contexte de «glaciation émotionnelle», consiste selon lui à réchauffer les cœurs. Il voyait dans le charisme « un moyen efficace d'innovation […], une immense dépense d'énergie politique, glorieuse ou catastrophique selon les valeurs de l'homme qui l'incarne et la culture d'un peuple à un moment de son histoire. » Or Gambetta représentait pour lui le paradigme du leader charismatique, « à la fois ferme républicain et démocrate sensible ». Quant à son approche du populisme, elle déroutait car dépourvue des paresseux préjugés qui ont cours : se contenter d'en faire un épouvantail, écrivait-il, était une manière de se dispenser de réfléchir. Il voyait dans un populisme bien compris le moyen de débloquer des situations de crise. Bref, il avait une conscience aiguë qu'en politique plus qu'ailleurs la raison n'épuise pas le réel et, sans rien sacrifier de la rationalité, il rendait sa part à l'émotion.

Loin de se contenter de son domaine de recherche, il s'intéressait à tout, lisait tout : philosophie, littérature, poésie… établissant des liens inattendus entre ces différentes sphères, combinant les disciplines – sociologie, histoire, psychologie…

Et, loin de ces esprits tièdes, étroits, qui s'offusquent à la seule contradiction, fuient la controverse, cet intellectuel omnivore avait retenu la leçon du philosophe Alain : « Il faut lire l'adversaire ; et encore choisir le penseur le plus fort. Autrement nous n'aurons que des idées molles. » On saisit mieux pourquoi la pensée d'Alexandre était ferme, parfois tranchante – et toujours en progrès. Son analyse, en ces temps troublés qui corroborent un diagnostic établi par lui il y a bien longtemps, manque ; à nous de nous servir au mieux des instruments de déchiffrement qu'il nous a légués, et qui sont autant d'outils pour l'action.

Dans la grande tradition intellectuelle française, c'était un homme de revues. La plus récente qu'il ait créée, les *Cahiers de psychologie politique*, était celle de l'Association française de psychologie politique dont il était le fondateur. Il a également été, de 2008 à 2013, rédacteur en chef d'*Humanisme*. Sa direction était souple, libérale dans la meilleure acception du mot. Il avait son rythme, sachant qu'on ne peut prétendre transformer le monde en en épousant les soubresauts. Il avait cette capacité d'agréger les talents les plus disparates, d'en faire un tout cohérent et dynamique car pour lui comme pour Péguy, une revue a pour vocation de constituer une «fédération des consciences».

Alexandre était un homme de cœur. Généreux, désintéressé, il aidait sans ostentation, sans rien attendre en retour ; qui ne l'a vu s'attarder avec tel ou tel dont il avait perçu une faiblesse qui nous avait, à nous, échappé. Sensible, il s'enquérait toujours de votre situation personnelle ou familiale, prêt à vous galvaniser moralement. Il avait certes son orgueil, une douce ténacité qui le rendait peu malléable et ajoutait au charme du personnage, mais il demeurait l'hôte le plus attentif de vos réflexions, ne rompait jamais le dialogue. Et point de protocole, de distance, il discutait de plain-pied avec vous, qui que vous soyez, que ce soit au téléphone, sur le zinc ou à Herblay où, avec Carole, son épouse, en bon vivant, il savait recevoir. Chaque conversation, quel qu'en soit le sujet, était un enrichissement et il était de ceux qui vous donnaient la certitude que vous étiez intéressant. Il n'avait pas son pareil pour stimuler son interlocuteur. Paradoxalement, la radicalité de sa lucidité, plutôt que de vous pousser à la résignation, au fatalisme, vous projetait en avant. Il n'était jamais à court d'un projet, d'une initiative et vous entraînait avec lui. Chaleureux, ironique, il souriait et riait volontiers. Nous garderons en mémoire son sens exceptionnel de l'amitié.

Alexandre a été cette pierre utile à l'édifice sur laquelle il nous revient de continuer à construire.

La rédaction d'*Humanisme* adresse ses plus sincères condoléances à Carole, Isabelle, Camille et Estelle. ❑

Pierre Leroux, sa mort, sa vie

Dominique Papon

Pierre-Henri Leroux fut typographe, imprimeur, journaliste, philosophe, député. Et franc-maçon. Retour sur le parcours de ce grand républicain disparu il y a 150 ans cette année.

Lorsque Pierre Leroux meurt le 12 avril 1871 à Paris, la Commune de Paris débat pour savoir si elle doit déléguer des représentants à ses obsèques. La figure du penseur socialiste, celui-là même qui popularisa le mot «socialisme», est controversée parmi les communards, certains lui reprochant sa conception de la vie spirituelle, inséparable selon lui du combat politique, ainsi que son opposition ferme et argumentée à Proudhon, qui reste une référence intellectuelle pour nombre d'entre eux.

La Commune décide cependant l'ambassade de deux représentants au cimetière du Montparnasse mais elle refuse, sans doute par solidarité maçonnique, d'adopter la proposition que soutient Jules Vallès d'accorder à Pierre Leroux le bénéfice d'une concession perpétuelle. Ses funérailles modestes constituent cependant un événement officiel de la Commune et si elle n'a délégué que deux représentants, quatre se retrouvent à accompagner le cercueil : Ostyn, qui a proposé l'hommage officiel, Babick, Martelet et Verdure. Ostyn et Martelet ont été désignés officiellement lors d'une séance du conseil de la Commune. Martelet a été choisi car il est le représentant du XIVe arrondissement dont dépend le cimetière Montparnasse, mais il ne connaît ni la figure ni la pensée de Leroux, ce qu'il avouera dans son discours. Babick et Verdure sont venus de leur propre initiative. Babick partage le spiritualisme de Leroux et la présence de Verdure peut apparaître comme une reconnaissance de l'influence intellectuelle de Leroux car il est membre de la commission de l'enseignement de la Commune. Il est aussi vénérable de la loge La Prévoyante numéro 88 du Suprême Conseil de France.

Il faut noter que ce sont les femmes qui suivirent les premières le corbillard pour rendre hommage à celui qui, à la tribune de l'Assemblée nationale en 1848, sous les quolibets de ses propres amis et les moqueries de ses adversaires, défendit en vain le droit de vote des femmes. Il combattit également, là encore, les positions antiféministes d'une partie de la gauche à la suite de Proudhon.

Le frère Elie Reclus, alors directeur de la Bibliothèque nationale, note dans *la Commune de Paris au jour le jour* que les obsèques de Leroux se déroulèrent au son ininterrompu des tirs de fusils et de canons. Chacun déposa une immortelle sur le cercueil et tous se séparèrent au cri de « Vive la République universelle » avant de retourner sur les barricades.

Ses idées sont partout, son nom nulle part

La déesse Némésis n'a pas eu besoin de châtier Pierre Leroux. Sa modestie n'a jamais été prise en défaut. Il disait «nous», il ne disait que rarement «je». Cette façon de voir le monde a peut-être contribué à son relatif oubli ; cette façon de voir le monde, mais aussi le travail souterrain de certains de ses *amis*, son frère, initié à Besançon vingt ans après lui, ou encore Pierre-Joseph Proudhon, satisfait de reprendre ses idées pour en revendiquer parfois la paternité. Il suffisait alors de mettre en avant cette manie qu'il avait de tout théoriser sous forme de «triade» - il cherche « la trinité en toutes choses », écrivait Renan - et ainsi, de le ridiculiser.

Pierre-Henri Leroux (1797-1871) fut typographe, imprimeur, journaliste, philosophe, député. Il a passé sa vie à tirer le diable par la queue, vivant mal de sa plume et peinant quelquefois à nourrir ses neuf enfants. Mais son aura et la puissance de ses idées lui valurent de nombreux soutiens. Il fut aidé par les collectes des ouvriers menées à son profit (la dernière aura été destinée à lui ériger une statue au cimetière de Montparnasse), ou par les dons de banquiers comme le Bordelais saint-simonien Isaac Pereire (à la fureur, semble-t-il, de son ami Victor Hugo qui, l'apprenant, le surnomma le « *filousophe* »).

Liberté, égalité, fraternité

Il contribua incontestablement à imposer la triade républicaine «liberté, égalité, fraternité» même s'il nuançait ainsi, lors d'une réunion publique salle du Cygne à Bruxelles : « *Nos pères avaient mis sur leur drapeau « Liberté, Égalité, Fraternité ». Que cette devise soit la nôtre, je mets la fraternité au centre de la formule parce qu'elle est le lien entre la liberté de chacun et la liberté de tous ou égalité »*.

Il théorisa l'économie circulaire (le «circulus») et prôna la propriété des moyens de production par la classe ouvrière en précurseur du mouvement mutualiste. Il rappelait non sans fierté dans son poème philosophique *La grève de Samarez* qu'il avait été le premier à utiliser le terme de solidarité pour l'introduire dans la philosophie. « *C'est-à-dire selon moi*, disait-il, *dans la religion de l'avenir. J'ai voulu remplacer la charité du christianisme par la solidarité humaine* ». Il fut l'ami de George Sand, dont il inspira certains des plus grands romans. Il séduit, sans le convaincre toutefois, Karl Marx, qui l'appelait le « *génial Leroux* » et il servit de modèle à Jean Jaurès.

Malgré une œuvre importante et la reconnaissance de ses contemporains, son image s'est pourtant un peu effacée et son rôle reste méconnu. Son nom ne figure pas sur la colonne Romanov, modifiée par les bolcheviques en 1918 pour rendre hommage aux «combattants de la Liberté». En remplacement du nom des tsars, une liste de dix-neuf noms, établie par Lénine, y avait en effet été gravée (elle a été rendue à son état antérieur en 2003). Il s'agissait de penseurs considérés comme des précurseurs de l'idéologie socialiste, dont cinq Russes, six Français, cinq Allemands, deux Anglais et un Italien. L'ordre n'était pas chronologique et tous étaient déjà morts à l'établissement de la liste. Il y avait là Marx et Engels bien sûr, Liebknecht et Bakounine, Saint-Simon, le curé Meslier, Jaurès et bien sûr Proudhon. Mais aucune femme et surtout pas Pierre Leroux.

Leroux est « tu, ignoré, passé sous silence », comme le remarquait déjà Charles Péguy. Cet effacement est tel que ses héritiers ignorent même parfois ce qu'ils lui doivent : « *Savez-vous quelle est mon œuvre ? J'ai porté la République dans le socialisme et le socialisme dans la République* ».

Pierre Leroux franc-maçon

Il faut concéder que son socialisme n'avait aucune prétention scientifique, qu'il mettait l'humain au centre, et qu'il n'avait pas renoncé à la dimension spirituelle de l'homme.

Celui qui fut un jeune carbonaro sous la Restauration et avait écrit un mémoire sur la nécessaire réforme de cette société secrète qu'il avait soumis au marquis de La Fayette, fut initié en 1848 dans la loge du Grand Orient de France Les Artistes Réunis, fondée à l'Orient de Limoges vingt ans auparavant. Il sollicita son admission comme philosophe mais, devenu entre-temps membre de la Constituante, il fut longuement interrogé sur ses conceptions politiques avant d'être reçu. Il fréquenta les loges à Paris ainsi qu'à Jersey et à Londres au temps de l'exil (il siégeait sur les colonnes de la loge « les Philadelphes » avec le Creusois Martin Nadaud qui y avait été initié). De retour d'exil, il participe aussi aux travaux de la loge de Grasse. Cet atelier organisera d'ailleurs une souscription pour éditer Job, un drame en cinq actes adapté du Livre de Job qu'il avait traduit à Jersey.

Georges Sand lui avait dédicacé *Spiridon* en ces termes : « *À Pierre Leroux, ami et frère par les années, Père et Maître par la Vertu et la Science, agréez l'envoi d'un de mes contes, non comme un travail digne de vous être dédié, mais comme un témoignage d'amitié et de vénération* ». Elle lui avait écrit avant même qu'il ne soit initié : « *Vous ne savez pas dans quel labyrinthe vous m'avez fourrée avec vos francs-maçons et vos sociétés secrètes* ». Elle soutiendra l'imprimerie et l'exploitation agricole organisées sur un modèle communautaire à Boussac, en Creuse, commune où Leroux proclama la République avant d'en être désigné maire par le gouvernement provisoire en 1848.

Les préoccupations politiques de Leroux fondées sur la liberté et la solidarité humaine méritent d'être réévaluées aujourd'hui. Elles sont indissociables de son engagement maçonnique. Et si cet engagement désintéressé au service des hommes et des femmes fut parfois moqué, il est aussi reconnu. Renan, encore lui, le résume ainsi : « Monsieur Pierre Leroux a raison, il faut faire place à tous au banquet de la lumière ». ❑

Radicaux et maçons jusqu'à la fondation du Parti radical.

André Combes

Premier parti politique constitué en France, le Parti républicain, radical et radical-socialiste, dont c'est le cent-vingtième anniversaire, a vu le jour lors d'un congrès tenu salle des sociétés savantes, du 21 au 23 juin 1901, avec 1132 délégués, parlementaires, représentants de comités et d'associations dont 155 loges, soit près du tiers des loges françaises. L'équipe organisatrice, à l'exception de René Goblet, est composée de maçons. Le comité fondateur est présidé par le Frère Gustave Mesureur qui dans son discours d'ouverture place le congrès sous cette devise : « *pas d'ennemi à gauche* ». Le Frère Léon Bourgeois qui le préside présente le solidarisme radical comme un antidote aux séductions du collectivisme ; le Frère Gustave-Adolphe Hubbard, ancien conseiller de l'ordre du Grand Orient de France, fait voter le projet sur l'organisation du parti ; le Frère Camille Pelletan expose un programme électoral susceptible de satisfaire toutes les tendances et on peut présumer qu'une majorité des délégués sont des maçons ou d'anciens maçons. Jusqu'en 1914, tous les présidents du Conseil exécutif du parti, à l'exception de Joseph Caillaux, soit Mesureur, Dubief, Faure, Berteaux, Combes Pelletan, Lafferre, Vallée, ont «taillé la pierre brute».

L'événement est considérable car le Parti va cimenter le Bloc des Gauches et va faire adopter la loi de séparation des églises et de l'Etat mais il n'est pas, alors, ressenti comme tel. Il n'est que peu commenté dans les loges et dans la presse de gauche, y compris par le journal *Le Radical*.

Les liens entre radicalisme et maçonnerie ont été constants depuis que le mot *radical* est entré dans le vocabulaire politique sous la Restauration en référence aux radicaux anglais qui avaient soutenu la Révolution française. Il est utilisé par des opposants sous la Monarchie de Juillet quand en 1835, il est interdit de se dire républicain. L'avocat Ledru-Rollin en répand l'usage dans les années 1840 et face aux accusations d'extrémisme, il répond que d'un outrage, il fera un drapeau.

Ces premiers radicaux sont souvent passés par la Loge *Les Amis de la Vérité* à l'origine de la charbonnerie, puis par la *Société des Amis du Peuple*, fille de cette loge et celle des *Droits de l'Homme*. Ils sont foncièrement démocrates, se réfèrent à la Révolution française, y compris sous Robespierre, combattent l'ultramontanisme, exigent le suffrage universel, une éducation gratuite pour le peuple, la transformation de l'économie par la solidarité et par l'intervention de l'Etat et patriotes, ils sont aussi internationalistes et rêvent de l'émergence d'une République des Peuples. Leur journal *La Réforme* dirigé par le Frère Ferdinand Flocon se différencie du *National*, tenu par des républicains plus modérés et la formation du gouvernement provisoire de 1848 résultera de leur entente. Ils restent silencieux pendant les journées de juin et aux élections présidentielles de décembre 1848, ils subissent un lourd échec. Ledru-Rollin ne recueille que 5% des suffrages exprimés et aux législatives en mai 1849, les radicaux, appelés aussi les «démoc-soc», prennent leur revanche : 35% des voix et près de 200 députés qui siègent à la Montagne. Ils deviennent la principale force d'une opposition qui sera affaiblie par l'échec de la manifestation insurrectionnelle organisée par Ledru-Rollin pour protester contre l'intervention française à Rome afin d'y rétablir la papauté. Elle sera laminée par le coup d'Etat du 2 décembre 1851 et la répression qui s'ensuivra.

Du côté maçonnique, cette gauche radicale s'oppose à la direction du Grand Orient sous le règne de Louis-Philippe mais l'obédience manifeste unanimement son enthousiasme pour la République de 1848 ; après les émeutes de mai et de juin, elle invite les maçons « à ne jamais quitter le jardin paisible qu'ils doivent cultiver pour le bien de l'humanité pour se lancer dans les champs plus vastes, il est vrai, mais aussi plus épineux, des discussions politiques et gouvernementales ». Autrement dit, les loges peuvent débattre des grands principes mais doivent éviter d'en tirer des conclusions partisanes. Il faut rappeler que la franc-maçonnerie n'est que tolérée et que dès 1849, des loges radicales sont surveillées. En 1850, une petite obédience de rite écossais (disparue depuis), la Grande Loge Nationale de France, accusée d'être socialiste, est interdite. Des radicaux se réunissent en sociétés secrètes comme La Nouvelle Montagne.

Le Second Empire est une dictature jusque dans les années 1860 puis il se libéralise, autorisant le retour de proscrits et le réveil de l'opposition. Au cours de ces années, des républicains en exil fondent à Londres *la Grande Loge des Philadelphes* que l'on peut qualifier de radicale. Elle accueille nombre de proscrits comme Louis Blanc, est présidée par le journaliste Jean Philibert Berjeau, proche de Ledru-Rollin. Son successeur Jean-Baptiste Boichot est un ancien sous-officier, élu de la Montagne, qui, entré clandestinement en France pour organiser la résistance, est capturé et emprisonné. De retour en France après l'amnistie, ces réfugiés renforcent le mouvement radical renaissant et retrouvent leurs loges. Ils contribuent au réveil de la vie politique et maçonnique.

Les loges moins contrôlées redeviennent attractives. Vivifiées par les attaques de l'Eglise et le désamour à l'égard du régime, elles accueillent de jeunes opposants souhaitant se retrouver, entre frères, autour de mêmes préoccupations et jouir d'une liberté de parole tandis que le droit de réunion est limité. La facilité des promotions permet à la nouvelle génération d'accéder rapidement aux responsabilités. Parmi les sujets débattus : le droit au divorce, la libre-pensée, les bases d'une morale indépendante des religions, la gratuité et l'obligation scolaire puis la laïcité, le développement des mutuelles et des coopératives, le maintien ou non de l'obligation d'invoquer le Grand Architecte de l'Univers.

En 1869, le proudhonien Marie-Alexandre Massol et l'ancien proscrit Jean-Claude Colfavru, invitent le convent du Grand Orient à convoquer un anti-concile qui face au Vatican, définirait les droits humains. La même année, Adolphe Crémieux, ancien membre du gouvernement provisoire de 1848, est élu Souverain Grand Commandeur du Suprême Conseil de France et l'année suivante, Léonide Babaud-Laribière, ancien représentant du peuple, accède à la Grande Maîtrise du Grand Orient de France. La Maçonnerie française est désormais entièrement républicaine.

Le mouvement radical se réveille également. Ses animateurs, tirant profit de l'échec des quarante-huitards, s'en différencient. Ils sont vigoureusement anticléricaux, souvent athées ; moins idéalistes et plus pragmatiques que leurs aînés, ils ont foi dans le progrès des sciences. Parmi eux, Henri Brisson, Charles Floquet, Léon Gambetta, ou Jules Simon qui publie *La politique radicale* en 1868. Ce néo-radicalisme dispose enfin en 1869 d'un projet politique cohérent avec le programme de Belleville signé par Gambetta, qui se différencie ainsi d'autres républicains comme Jules Ferry. Il inclut la suppression des armées permanentes et son remplacement par des milices, les droits de réunion, d'association et la liberté de la presse, la séparation de l'église et de l'état, des mesures économiques et politiques ayant pour finalité la disparition de l'antagonisme social.

Au pouvoir le 4 septembre 1870, La République dite gambettiste va puiser son encadrement dans le vivier radical et de ce fait, souvent maçonnique. C'est ainsi qu'une quarantaine de nouveaux préfets sont «fils de la Lumière». Mais les radicaux comme les maçons vont se diviser pendant le siège de Paris en octobre 1870 puis face à la proclamation de la Commune, le 18 mars 1871. Une fraction est bien représentée en son sein : celle des jacobins avec Félix Pyat et Charles Delescluze qui siègeront jusqu'en mai à l'Hôtel de Ville, alors que d'autres radicaux comme Artur Ranc, Ulysse Parent ou le docteur Goupil démissionneront après le décret des otages. Une autre fraction, autour de Charles Floquet, espère vainement, comme une majorité des maçons, qu'une conciliation mettra fin à la guerre civile. Elle mènera, après la défaite des insurgés, le combat pour l'aide aux familles des communards et pour l'amnistie.

Sous l'Ordre moral, les républicains s'unissent et, à partir de 1879, la menace royaliste momentanément écartée, ils se divisent à nouveau et les radicaux eux-mêmes se séparent en tendances. Les amis de Gambetta dits opportunistes se rapprochent des modérés. A l'opposé, des intransigeants comme Clemenceau et Pelletan, qui se considèrent comme les vrais républicains, exigent l'application immédiate du programme de Belleville. Entre ces deux forces, se constitue une gauche radicale autour de Brisson et de Floquet. Le terme de radical, dopé par une brochure de Louis Blanc en 1872, est maintenant d'usage courant et figure sur les affiches de candidats qui s'affrontent aux diverses élections.

Au sein du Grand Orient de France, les républicains modérés conservent le pouvoir jusqu'en 1885, lorsque le président de l'obédience Charles Cousin, proche de Jules Ferry, démissionne face à l'offensive de ses collègues radicaux. Ses successeurs sont Jean-Claude Colfavru puis Frédéric Desmons qui le remplace en 1887. Plus consensuel et aimé que son prédécesseur, il va symboliser jusqu'à sa mort le radicalisme maçonnique et parlementaire. Au sein de l'obédience du Suprême Conseil de France, l'aile gauche, hostile au maintien de la référence au Grand Architecte de l'Univers et qui veut démocratiser l'obédience, scissionne en 1880 et fonde la Grande Loge Symbolique Ecossaise (GLSE) autour de Floquet, Brisson, Mesureur et Georges Martin, fondateur de l'obédience du Droit Humain.

Radicalisme et Maçonnerie s'interpénètrent désormais. Le Grand Orient de France et la GLSE ne regroupent certes que 20 000 membres mais nombre d'entre eux sont des élus, militent au sein de comités républicains ou radicaux, dans des Ligues dont celles de l'Enseignement ou des Droits de l'Homme et à la Libre-pensée. Les travaux des loges montrent qu'il s'agit d'une maçonnerie de combat autant que de réflexion. Une majorité des membres du conseil de l'ordre exerce des responsabilités politiques : une moyenne de huit parlementaires sur 33, des maires, des conseillers généraux, des directeurs de journaux... Il en sera de même à la Grande Loge de France qui se constitue en 1894. Son grand maître en 1895, Adolphe Magnien, est député radical et tous ses successeurs jusqu'en 1914 dont le plus célèbre est Gustave Mesureur, premier maillet de 1903 à 1910, partagent cet engagement.

Le camp républicain fait bloc face aux menaces cléricales et monarchistes sous l'Ordre moral, puis quand le général Boulanger, appuyé à l'origine par les radicaux, dérive vers le césarisme. Ceux qui le suivent comme Alfred Naquet, rédacteur de la loi sur le divorce, Charles-Ange Laisant, ancien directeur de *La République radicale*, Georges Laguerre, ancien secrétaire de Louis Blanc, sont radiés du Grand Orient de France à la demande de Paul Doumer et seuls seront réintégrés ceux qui, comme Laisant, auront fourni ultérieurement des preuves de leur attachement à la République.

Au cours de la décennie suivante (1890-1900), la Maçonnerie cimente l'aile la plus ferme du mouvement républicain avec des positions d'autant plus énergiques qu'elles émanent de radicaux ou de socialistes. La poussée anticléricale est très vive et chaque conseiller de l'ordre doit prendre un engagement d'obsèques civiles. L'intérêt pour les questions sociétales et sociales devient primordial, d'où des prises de position sur la suppression des grands monopoles privés, l'occupation par les seuls républicains des fonctions publiques, la démocratisation de l'armée, les retraites ouvrières, les accidents du travail, la suppression de la peine de mort, l'aide aux filles mères... On ne saurait parler d'antériorité maçonnique sur ces sujets car ils sont également étudiés, et parfois par les mêmes intervenants, dans la presse et les organisations de gauche.

L'appartenance à la franc-maçonnerie n'apparaît pas comme un moyen de réussite politique et des radicaux comme Gaston Doumergue, qui ont démissionné de leurs loges, ou sont restés profanes, tel Clemenceau, n'en souffrent pas dans leurs carrières. Tout au plus peut-on dire que pour un radical, le fait d'être devenu maçon a élargi son horizon, lui a apporté un supplément d'âme, a discipliné ses prises de parole et lui a offert (quelquefois) une chaleur fraternelle plus intense que dans toute autre association.

Les tentatives successives de regroupement des radicaux qui s'échelonnent entre1894 et 1900 sont le fait de maçons, mais il n'est pas certain que cette qualité ait joué un rôle déterminant. Le Comité central d'Action républicaine, autour des Frères René Renoult et Lucien Klotz, et l'Association pour les réformes républicaines avec Camille Pelletan et Mesureur, fusionneront en 1895 au sein d'un Comité d'Action pour les Réformes républicaines, animé par Mesureur et François Opportun, auquel adhèreront 53 loges, après le fameux appel Mesureur, par lequel le soutien des maçons est sollicité en vue des législatives de 1898.

En 1899, trois conseillers de l'ordre (Baudon, Lafferre et Hubbard) fondent, dans le contexte de l'Affaire Dreyfus, un Comité d'Entente Philosophique appelé ensuite Fédération radicale-socialiste. Puis à la suite de l'échec des radicaux, dont l'ancien président du Grand Orient de France et ancien déporté Louis-Adrien Lucipia, aux élections municipales à Paris, des frères créent une Ligue d'Action républicaine contre le nationalisme qui participe aux grandes manifestations de loyalisme républicain en 1900. Elle va fusionner avec la Fédération radicale-socialiste et se rapprocher du Comité d'Action pour lancer le 8 avril 1901 l'appel à la constitution d'un nouveau parti.

Les adhésions peuvent être adressées au journal *Le Rappel* où le congrès est annoncé par Hubbard. La Lanterne, le plus « maçonnisé » des quotidiens, qui réunit des frères radicaux ou socialistes comme René Viviani, publie les buts du congrès : affirmer une discipline rigoureuse, mais aussi préserver l'autonomie des organisations. Le Grand Orient débat en cette année 1901 de la réorganisation du Parti républicain mais le rapporteur ne peut qu'inviter la maçonnerie à rester une école de philosophie politique et morale qui doit unifier les forces laïques hors d'une adhésion officielle à un parti. Le conseil de l'ordre avait invité les loges qui l'avaient sollicité à ne pas participer en tant que telles au congrès fondateur. Il n'avait donc pas été suivi. Il rappellera, après le congrès, la nécessité pour la maçonnerie de demeurer un centre de l'union et sera approuvé. ❑

L'irrationalisme dans l'écologie

Stéphane François

Biocontact, une publication gratuite française, largement diffusée dans les épiceries et supermarchés «bio» françaises, fait ouvertement la promotion de l'hésitation vaccinale, a pu soutenir l'idée que certains vaccins, comme celui pour la poliomyélite, peuvent transmettre le sida, affirmer que le brocoli peut soigner le cancer ou qu'une plante, le bacopa, peut prévenir de la maladie d'Alzheimer[1]. Il n'y a rien de scientifique ou de rationnel dans ces pratiques. Aucun de ses principes n'a été scientifiquement validé. Comment de telles idées ont-elles pu se diffuser dans les milieux écologiques ? Nous proposons de revenir ici sur les soubassements intellectuels contemporains du refus de la technologie et de la médication dans les milieux alternatifs et/ou écologistes.

Au-delà de l'exemple de cette publication alternative, il faut tenir compte du fait qu'il existe dans la mouvance écologiste et chez les consommateurs «bio» (qui ne sont pas forcément les mêmes) une très forte demande pour toutes les formes de pensées et les pratiques alternatives dédiées au mieux-être et à la santé. Ces personnes souhaitent «soigner» - les guillemets sont de mise au vu des pratiques irrationnelles - leur corps par des biais supposés «naturels», mais qui relèvent surtout de l'ésotérisme et de l'occultisme, comme l'aromathérapie, les élixirs floraux de Bach, la «gemmothérapie», les pratiques d'accumulation énergétiques, etc. Ces tendances reposent sur l'idée, sophistique, de «la bonté de la nature» : ce qui est naturel est bénéfique, et ce qui ne l'est pas est néfaste. Cela ne va pas sans paradoxe : à l'instar de leurs précurseurs de la fin du XIXe siècle, ou de ceux des années 1970, ces «écologistes» du XXIe siècle pensent, tout en restant des urbains, sans chercher explicitement le retour à la campagne, que la Nature est porteuse de «valeurs».

Avant d'aller plus loin, il est nécessaire de définir les deux termes importants de notre propos : alternatif et écologiste. Nous entendons par «alternatifs», les milieux qui se positionnent volontairement en marge et cherchent à proposer un autre modèle, «alternatif» de la société et de la science. Ce milieu est plus ancien que la contre-culture née de l'agitation estudiantine des années 1960 : on le retrouve, par exemple, dans les tentatives de création de communautés utopiques

[1] Valérie Vidal, « Le Bacopa », *Biocontact*, https://www.biocontact.fr/cote-naturo/685. Consulté le 25/11/2019.

du XIXe siècle. Ces mouvements prônaient également en effet l'utilisation des médecines douces/alternatives, le yoga, le naturisme et le végétarisme. Les assises intellectuelles des alternatifs sont souvent mystiques et antiscientifiques. Ces premiers mouvements alternatifs ont influencé, directement ou indirectement, la contre-culture. Le deuxième terme, écologiste, renvoie chez nous aux militants de l'écologie politique, qui se constituent dans les années 1970 à la suite des mobilisations contre le nucléaire (Fessenheim) ou l'installation de base militaire (le plateau du Larzac), agrégeant des milieux divers plus anciens, comme les environnementalistes, les protecteurs des animaux et/ou plus largement de la nature, des contestataires issus de l'agitation des années 1960, etc.

Enfin, l'une des difficultés majeures des textes sur l'écologie, et des nôtres évidemment, est de définir les catégories de militants écologistes, qui parfois se chevauchent : il y a les militants «anti-technologie» ; les adeptes d'une écologie mystique ; les décroissantistes, radicaux ou non ; les misanthropes aspirant à l'extinction de l'humanité ; les partisans d'une écologie des populations aux accents mixophobiques ; les théoriciens d'une approche environnementaliste et rationnelle, etc. Certains sont des militants de l'écologie profonde («deep ecology»), d'autres de l'écologie superficielle («shallow ecology»).

Cependant, tous développent, à différents niveaux, un discours alternatif aux accents parfois irrationnels, qui nous intéresse ici. Il existe en effet chez certains écologistes une forme de pensée irrationnelle, ayant des répercussions d'ordre à la fois sociétal, médical et politique. Cette pensée est soutenue par des militants sincères, mais qui développent une vision biaisée et une connaissance intuitive de la science et de la nature : la science serait forcément «mauvaise» tandis que la «Nature» serait forcément «bonne» et mise en péril par la première. Cette réduction des champs du possible a une conséquence catastrophique : la promotion de l'idée que seules les substances naturelles sont scientifiquement acceptables a sérieusement entravé la capacité des scientifiques à fournir des solutions écologiques synthétiques significatives, notamment sur les solutions proposables pour sauver l'humanité de la famine et/ou de certaines maladies. Ce type de posture est une négation du rôle des innovations scientifiques dans l'essor du bien-être sanitaire et de l'hygiène depuis le XIXe siècle. Il s'agit d'un archaïsme dangereux.

Il existe une continuité idéologique et parfois intellectuelle entre les écologistes alternatifs condamnant les vaccins, faisant la promotion des médecines douces et de la «méditation de pleine conscience» et les écologues scientifiquement solides et rationnels, qui défendent pourtant des positions écologistes quant à l'alimentation «biologique» et aux énergies renouvelables. Surtout, tous ont une méfiance vis-à-vis de la science et du savoir, qualifiés d'officiels, avec un rejet de la technologie, ancien par ailleurs. C'est ainsi qu'outre le refus du nucléaire, ils rejettent les vaccins (l'hésitation vaccinale est très ancienne chez les alternatifs), les ondes émises par les réseaux 5G (après le wifi, d'ailleurs) ou encore les OGM (parfois à juste raison, comme dans le cas des perturbateurs endocriniens dont les effets néfastes ont été étudiés scientifiquement). Ces écologistes radicaux contestent le fait que les sciences et les techniques recèlent le moyen de transformer profondément la condition humaine. D'un autre côté, ils font la promotion de « l' hygiène naturelle », de la « médecine écologique », des médecines dites «douces» ou de l'agrobiologie, déjà proposées par les premiers militants alternatifs ainsi que par les technophobes de la fin du XIXe siècle.

La promotion de ces «sciences alternatives» - qui ne sont pas des sciences, nous le répétons – suscite une opposition forte de la part des milieux scientifiques. Ainsi, les institutions scientifiques, l'Académie des sciences ou celle de médecine, sont les structures les plus en conflit avec la mouvance écologistes et les milieux alternatifs, suivies par des groupes plus militants comme l'Association française d'information scientifique. Les positions scientifiques et rationnelles, au sein de l'écologie, deviennent minoritaires, au profit de conceptions plus mystiques, ou du moins marquées par l'intuitivité. Une part de plus en plus importante des militants écologistes, surtout parmi les néoruraux, acceptent ces discours au nom d'un retour à la nature largement idéalisé et d'un rejet des solutions scientifiques.

Les origines de ces thèses viennent explicitement de l'ésotérisme occidental, aux fondements anti-scientifiques et irrationnels. On en retrouve l'origine en particulier dans certains courants illuministes allemands du XVIIIe siècle, de nature romantique, qui se sont largement construits en opposition à la rationalisation du monde alors à l'œuvre. Ainsi, les médecines dites «douces» considèrent, à l'instar de l'ésotérisme, qu'il existe des correspondances entre le monde physique, le monde spirituel/le divin et la nature, les maladies apparaissant lorsque l'harmonie entre les trois est rompue. On retrouve ce genre de postulat également dans la pratique homéopathique. Toutes deux parent leurs postulats réactionnaires (ou tout du moins antimodernes) d'un habillage pseudo-scientifique. Il s'agit également d'un discours anti-Lumières, qui cherche à réenchanter le monde par le recours à des formes de pensée prémodernes. Enfin et surtout, apparaît l'idée d'une décadence des sociétés depuis un âge d'or révolu, chez les uns comme les autres, la manifestation d'une perte d'une sagesse primordiale, dont il faudrait retrouver les traces. À cela, il faut ajouter, pour les militants écologistes dans leur ensemble, une collapsologie fortement imprégnée de millénarisme.

Ces militants multiplient les propos sur l'augmentation des cancers, sur le changement climatique qui nous conduira forcément à l'extinction, sur l'effondrement des colonies d'abeilles qui entraînera la chute de la productivité des récoltes et la famine, sur la montée des eaux des océans ou sur la stérilité croissante des humains. Mais plutôt que de soutenir des solutions innovantes, ces militants exigent l'abandon de la plupart des activités et des pratiques qui définissent la culture occidentale (sans que l'humanité en soit d'ailleurs sauvée selon eux), plus désireux d'arrêter la technologie que de trouver une solution aux enjeux écologistes.

Ces thèses sont anciennes. Elles se sont exprimées bruyamment dans l'Allemagne du début du XXe siècle, lieu de naissance de la première «alternative». Elles sont restées en marge de la société, développées et préservées par les différents groupes ésotérico-alternatifs des années 1930 et 1950, matrices du futur *New Age*, diffusées par une littérature relativement confidentielle. Les années 1930 voient aussi les premières réflexions écologiques dignes de ce nom, du très *völkisch* Martin Heidegger, du personnaliste Bernard Charbonneau ou de son ami anarchiste Jacques Ellul.

Ces idées irrationnelles se diffuseront après la Seconde guerre mondiale, trouvant un écho important dans une jeunesse cherchant de nouvelles formes d'épanouissement politique et spirituel. L'époque est aussi à l'heure des gourous et des sectes, période-charnière dans la maturation des idées qui nous intéressent. Cette référence est importante pour comprendre l'actuel rejet écologiste de la science et du progrès.

Mais pour bien saisir la montée en puissance de pratiques «alternatives» au sein de la mouvance écologiste, il est nécessaire de revenir également sur les références intellectuelles des militants des années 1970 et 1980, et donc de s'intéresser aux hippies et à la contre-culture des années 1960 et 1970.

Les discours hippies relèvent explicitement d'une sorte «d'archaïsme utopique» : ceux qui le formulent cherchent un retour à une vie saine et très souvent symbolisée par les modes de vie des peuples premiers, par une paysannerie médiévale ou par le modèle indien, très largement idéalisé au prisme de l'indomanie post-romantique. Si le mouvement hippie est globalement positionné aujourd'hui à gauche de l'échiquier politique, il a intégré dans son discours un certain nombre d'auteurs réactionnaires et antimodernes au premier rang desquels les ésotéristes de la «Tradition», comme René Guénon, Julius Evola et Mircea Eliade. Concrètement, le mouvement hippie peut être vu comme un mouvement s'inscrivant dans une inversion du progrès, intégrant les pratiques alternatives irrationnelles nées au début du XXe siècle, parfois dans les milieux occultistes. Ces pratiques, associées à l'attrait pour les religions orientales et le yoga, pour les spiritualités amérindiennes et autres «sciences alternatives» donneront également naissance à la nébuleuse du *New Age*.

Autre référence importante, le rapport aux thèses anthroposophiques : il constitue l'un des liens les plus flagrants entre la mouvance écologiste et les pratiques ésotériques antimodernes. Le fondateur de la Société anthroposophique, l'Autrichien Rudolf Steiner, est un ésotériste qui a développé au début des années 1920 une approche spiritualiste de l'être humain et de l'univers, en particulier dans le domaine agricole, et a été l'un des premiers promoteurs de l'antispécisme. Il a théorisé une sorte d'agriculture respectant les réciprocités et les interactions entre l'être humain, l'animal, la plante et la Terre : «l'agriculture biodynamique». Celle-ci est conçue en réaction à l'essor des premières tentatives d'agriculture intensive, censée assurer la santé du sol et des plantes pour procurer une alimentation saine aux animaux et aux êtres humains. Par là même, la pratique «biodynamique» rejette l'agriculture intensive et industrialisée et se fonde sur une compréhension des lois du vivant acquise par une vision qualitative-globale de la nature, et sur le concept ésotérique de correspondance. Les postulats de Steiner sont hérités des spéculations de Paracelse, dont les aspects alchimiques et mystiques ont également permis l'apparition de l'homéopathie. On retrouve aujourd'hui ces postulats dans la mouvance écologiste.

L'anthroposophie met également en avant les médecines douces. Il existe ainsi une section médicale au sein de l'Université libre, la structure scientifique de la Société Anthroposophique, dont les missions sont de se consacrer à la «recherche» médicale et pharmaceutique et de former les thérapeutes à la médecine anthroposophique, souvent homéopathique et fonctionnant par analogie. Cette section promeut le droit des patients au libre choix de leurs soins et se bat pour la défense des médecines «complémentaires». Rudolf Steiner était convaincu qu'il existait une physiologie occulte. Les questions médicales l'intéressaient depuis les années 1910. Un an avant son décès dû à un cancer du tube digestif mal soigné, Steiner créa sa société de produits pharmaceutiques anthroposophiques (homéopathiques, phytothérapie et herboristerie), Weleda, qui participe, en soutenant l'idée de la toxicité des contenus, à la campagne anti-vaccins qui fait des ravages dans les pays occidentaux au péril de la santé publique.

Les positions antimédicales d'une partie non négligeable des écologistes et des alternatifs sont des formes de pensée très construites, avec leurs cohérences propres, une sorte de «rationalité irrationnelle», c'est-à-dire qu'ils développent une critique et des arguments très serrés, rationnels en somme, de la modernité technico-scientifique à partir de faits réels analysés avec des postulats irrationnels, comme une science qui serait intrinsèquement dangereuse. Cette posture augmente leur dangerosité car elle induit un doute, voire une hypercritique, dans d'autres segments de la société, surtout combinée avec l'idée d'un supposé complot, comme «big pharma», qui accrédite l'idée d'un complot entre les grandes entreprises de l'industrie pharmaceutique, qui chercheraient à la fois à imposer une vaccination superflue et à inventer de nouvelles maladies, notamment psychiatriques ou neurologiques, pour augmenter leurs ventes. En ce cas, les scandales bien réels impliquant des laboratoires gérés par les profits (Servier et le Médiator ou Sanofi et la Dépakine par exemples) servent de points de départ crédibles au développement d'une pensée complotiste, sans parler des scandales alimentaires comme la crise de la vache folle. Les médecines dites douces jouent sur cette peur en proposant des «médicaments» qui respecteraient l'harmonie des malades, dans un contexte plus global de rejet de l'idéologie du Progrès héritée du scientisme du XIXe siècle. Cela explique leur succès actuel, surtout dans le contexte d'une communication médicale et/ou sanitaire complexe et parfois déplorable.

Les milieux analysés ici, bien qu'ils se présentent comme progressistes, relèvent plutôt d'une forme de conservatisme car ils refusent de faire confiance aux êtres humains et au temps (compris dans un sens progressiste de l'Histoire) et sont nostalgiques d'un passé révolu et largement idéalisé. Dans ce type de discours, le présent devient odieux, car il est une étape de la dégradation d'un modèle d'origine, caractérisé par la vie en harmonie avec la «mère Nature», et valorisé comme un paradis, un âge d'or perdu sous les coups de boutoir de la modernité et de son ingénierie médicale et sociale. En ce sens, la «rationalité irrationnelle» mise en avant ici doit être vue comme une volonté de retour à un état premier, c'est-à-dire à un état de nature, dans lequel l'homme vivrait en harmonie avec une nature qui lui donnerait tout, y compris les réponses aux maladies. Si leur conception du monde est irrationnelle, elle rencontre aujourd'hui des échos dans les partis politiques comme dans la société civile qui contribuent à leur amplification et sans doute à leur succès. ❏

Que le risque soit la clarté

Grégor Tacite

Les groupes solidaires aiment à nommer ceux qui n'en sont pas. En les caractérisant de manière générique, ils les isolent de leur propre environnement et faisant cela, le protègent. Ainsi les francs-maçons parlent-ils volontiers de *profanes* lorsqu'ils désignent, sans la mépriser, la catégorie des non-initiés.

Etymologiquement, le profane est celui qui se tient devant un lieu sacré, n'ayant pas la permission d'y entrer, n'en détenant pas la clé. Pour autant, si l'initiation est un long processus, cette ligne de démarcation du seuil du temple maçonnique est bien plus fine et virtuelle qu'il n'y paraît puisque la loge d'aujourd'hui est un lieu moins fermé et plus accessible que jamais.

C'est donc à un exercice original que se sont livrés nos grands témoins. Carte blanche leur a en effet été donnée pour écrire, de la manière qu'ils souhaitaient, leur appréhension du fait ou de la pratique maçonniques, ou de ce qu'ils en savaient, et de l'influence qu'ils prêtent ou non à cette étrangeté collective. Si les contributions rayonnent en kaléidoscope, l'ensemble présente pourtant une grande cohérence et, parce qu'il est exposé dans une revue maçonnique du Grand Orient de France, à la demande du Grand Orient de France, un sens particulier, qui le crédibilise et contraste avec la multitude de marronniers de la presse nationale ou locale.

Loin des articles racoleurs sur *le vrai pouvoir des francs-maçons*, ces fragments impressionnistes nous renseignent plus sûrement sur la façon dont les francs-maçons sont perçus, y compris par des contributeurs qui ont déjà, du fait de leur notoriété ou de leur expertise, fréquenté de près les obédiences qui les invitaient.

Reflètent-ils quelque chose de l'ordre de la vérité ? Le lecteur s'en fera sa propre idée. Mais les grands thèmes y sont : l'universalisme, le projet de civilisation, l'implication dans la société et les compromis, la spiritualité, l'influence y compris suspecte, la prévalence de la parole et de l'écoute, la défense de la laïcité, le rituel. Tous les abordent avec leur style, leur tempérament, une certaine justesse et une grande sincérité qui suscite d'emblée l'intérêt.

D'une manière générale, on y est ballotté entre des questionnements dont on sait qu'ils sont réglés (la place faite aux femmes par exemple), des thématiques nouvelles qui envahissent la sphère publique et qui touchent à l'histoire de la franc-maçonnerie (la colonisation) et des objets de réflexion intense qui accaparent traditionnellement les francs-maçons (à quoi sert la franc-maçonnerie ? Engagement politique au-dehors ou spirituel confiné ?).

Coordonnateur de ce dossier, peu mobilisateur car les personnalités sollicitées avaient toute liberté dans la rédaction de leur article, j'ai cependant lu avec attention leurs retours qui m'évoquent quelques réflexions.

En premier lieu, comment convient-il de lire ces messages qui sont prodigués par l'extérieur ? Sans doute ont-ils la vertu essentielle d'édifier explicitement et sans passion parasite, les francs-maçons sur la perception que le monde extérieur a d'eux. Leurs auteurs ont la réputation d'avoir une pensée et de la maîtriser. Leur propos a été réfléchi et l'angle qu'ils ont choisi mûrement pesé. Ils offrent, à eux tous, une *topographie* efficace de ce que nos contemporains pensent de l'Ordre. Cet inventaire nous conduit d'ailleurs sur des registres d'extrapolation moins habituels, comme ceux de la diplomatie et des relations internationales. Si la franc-maçonnerie libérale n'est pas à son avantage lorsqu'il est question de colonisation, on sent bien, dans les lignes qui suivent, qu'elle reste, dans l'image, un véhicule essentiel de la puissance de rayonnement planétaire des Lumières et de l'universalisme du XVIIIe siècle. Sur ce dernier point, le franc-maçon du Grand Orient de France y trouvera assurément des raisons d'espérer de son engagement au sein d'une obédience dont la République est gravée dans les gènes.

Mais il peut tout aussi bien s'accommoder des rugosités du discours, des doutes et des critiques dont les auteurs n'exemptent pas la franc-maçonnerie. Dans la démarche qui a mené l'obédience à demander un rapport d'étonnement à des profanes, il ne s'agissait pas une seconde de réaliser un audit sur les moyens et les fins d'une organisation maçonnique mais bien de capter, de manière impressionniste mais étayée, auprès d'érudits, la perception d'une époque. Le panel reste choisi, subjectif. Mais le paysage qu'ils dessinent n'est décalé ni dans ses pleins, ni dans ses déliés. Chaque maçon le contemplant y prendra le sentier qui lui correspond, en tirera ou pas des leçons sur son expérience maçonnique, et comprendra assurément, à la lecture de ces textes intelligents et bienveillants, comment se déploie au grand jour, dans toutes les directions, à bon ou à mauvais escient, la réputation des ordres initiatiques.

Au-delà de cet intéressant florilège, la question essentielle sous-jacente est celle du bénéfice que tirerait la franc-maçonnerie de ce regard que les profanes portent sur elles. Je me souviens avoir terminé un article en 2015, dans cette même revue, par ces lignes : « *On n'a que le pouvoir qu'on nous prête ? Francs-*

maçons, il n'est pas trop tard pour vous taire. » Ma thèse était alors la suivante : il avait fallu, à la fin du siècle dernier, communiquer « *à la manière d'une organisation vulgaire (au sens étymologique du terme) que l'histoire comme la vocation de la franc-maçonnerie lui interdisaient d'être. Besoin de respectabilité, personnalisation du pouvoir, dictature de la transparence, « profanisation » de la gouvernance, adaptation à l'environnement normatif, surenchères des équipes dirigeantes successives, mode, course aux effectifs, concurrence entre obédiences, confusion idéologique, sécessions hystériques et spectaculaires, la liste est longue des mobiles invoqués pour communiquer, compréhensibles ou pas, justes ou pas, qui se sont déployés et aggravés depuis la fin du XX*e *siècle. Chacun fera à son gré, parmi cet inventaire, son marché des petites raisons qui poussèrent les francs-maçons à expliquer toujours plus, à montrer toujours plus, à affadir toujours plus, sous prétexte de prouver qu'ils étaient fréquentables.* »

Ma conviction reste la même aujourd'hui. En justifiant avec force détails le bien-fondé de leurs activités, les obédiences diluent le mystère initiatique et n'intriguent plus grand monde. Ce faisant, elles écartent d'elles les ambitieux utiles. Ceux-ci privilégient d'autres voies pour leur prise de pouvoir et la franc-maçonnerie reste à quai, respectable mais désarmée, désœuvrée, impuissante à changer le monde.

L'exercice qui suit est d'un autre acabit mais il constitue à mon sens la limite de clôture de ce que doivent être les échanges organiques entre les deux côtés de la porte du temple. Car la porosité n'est pas permise à la démarche initiatique, qui s'étiole et se banalise sans une préservation du secret.

Mais foin de pessimisme. Il est temps de nous rendre ensemble jusques aux franges de la transgression et d'aller goûter collectivement le plaisir de ces passionnantes adresses. Peu importe que nous tutoyions le péril de la dilution si c'est pour suivre et faire vivre intensément ce conseil sublime de René Char, que je te renvoie, lecteur : « *émerge autant que possible à ta propre surface. Que le risque soit ta clarté. Comme un vieux rire. Dans une entière modestie* ». ❑

« Une institution capable d'inspirer La flûte enchantée, conserve son utilité. »

Christiane Taubira

Christiane Taubira a été Garde des Sceaux, ministre de la Justice entre 2012 et 2016. Membre honoraire du Parlement, elle a été candidate à la présidence de la république en 2002.

Assurément, l'exercice est inhabituel. Et méritoire par gros temps. Il exige la totale franchise… ou le silence.

Et si l'on commençait sans commencement, en plein dedans ? L'article premier du règlement général. En 1877, sans doute que ses singuliers allaient d'évidence. Victor Segalen s'étant aventuré vingt-cinq ans plus tard dans des contrées lointaines, jusque dans le Pacifique en mission militaire faut-il le dire, s'interroge sur l'état du monde humain : « *Le divers décroît. Là est le grand danger terrestre. C'est donc contre cette déchéance qu'il faut lutter, se battre, mourir peut-être avec beauté.* » Ces quelques mots se trouvent dans *Essai sur l'exotisme. Une esthétique du divers*. Avec ses contradictions, comme chacun d'entre nous, Segalen opère une réappropriation de l'exotisme pour en faire un chemin d'altérité. La franc-maçonnerie disposait probablement déjà de loges et d'obédiences diverses dans d'autres pays que les Etats-Unis, l'Angleterre, la France. Exerçait-elle aussi dans ces territoires éloignés du Pacifique, voire en Asie ? On peut présumer que dans ces temples de la connaissance et de la réflexion, on en sait assez sur le monde à l'orée de ce XXe siècle pour reconnaître, sinon supputer, sa pluralité et sa disparité, et les cosmogonies variées qui cohabitent. La distribution et le soin mis à l'application de rites uniformes en témoigneraient paradoxalement.

Si ce n'est pas outrecuidance que de les explorer, quelques mots dans cet article premier sont énigmatiques au singulier. La *vérité* sans majuscule est toujours rassurante. Mais posée seule, supposément unique, elle intrigue, à bon droit. Non qu'elle soit subjective, et donc potentiellement fantaisiste et débridée y compris sous des atours malins ou affriolants, mâtinés de subversion, comme le suggèrent les infox ; mais le savoir est toujours inachevé. « Rien n'est vrai, tout est vivant » affirmait Edouard Glissant. Cependant comment appeler autrement cette démarche de rigueur envers ce qui est avéré, en l'état des savoirs, et intelligible ? Recherche de la vérité, sans doute ! La limite étant induite par le refus de ''*toute affirmation dogmatique*''. Il demeure que tout grand mot, sans majuscule, lorsqu'il est réduit en solitude, devient un piège.

Deux autres singuliers sont quelque peu susceptibles d'inspirer perplexité. Le premier : la *morale*, qui n'a cessé et ne cessera sans doute avant longtemps, d'être un objet de discorde. Justement parce que nombre de corpus de principes, de valeurs, d'interdits, largement divergents voire incompatibles, peuvent être revendiqués comme constituant chacun une morale. Sans doute que l'éthique – entre autres parce qu'elle peut échapper aux épithètes comme la morale religieuse, la morale laïque, et ne mue pas aisément en épithète loquace chargée d'entendus comme l'ordre moral – serait plus appropriée. Peut-être aussi parce que l'éthique, en minuscule, définit plus volontiers un champ, comme l'éthique de la prise de parole ou du commerce équitable, de la responsabilité sociale ou de la sobriété ; ce qui n'interdit pas l'accolement d'adjectifs, ainsi de l'éthique médicale ou toute éthique professionnelle. Reste l'éthique communicationnelle de Jürgen Habermas.

Paul Ricoeur l'a définie en majuscule : « *L'Ethique est le souci de la vie bonne, avec et pour les autres, dans des institutions justes* ». Tout y est. En éclairant, de surcroît, une inversion : l'éthique n'est pas que personnelle, elle se construit en incluant les autres, mentalement et empiriquement.

L'autre singulier dérangeant, au sens du tressaillement qu'il provoque et de l'interpellation qu'il infère, concerne la *solidarité*. Les mutations économiques et les métamorphoses sociales ont multiplié les vulnérabilités, structurelles, durables ou passagères. Sans doute faut-il comprendre cette « *pratique de la solidarité* » comme l'aptitude à anticiper, puis conceptualiser les nécessaires solidarités nouvelles, à parler et agir pour les faire institutionnaliser.

Il n'est pas inconcevable que les observations ci-dessus n'aient aucune pertinence. Si chaque mot de cet article premier est limpide pour les initiés, n'est-ce pas là l'essentiel ? D'ailleurs, il n'est pas à exclure que cette invitation à formuler une perception profane de la pertinence de la franc-maçonnerie, à travers ses principes et les moyens dont elle use pour les défendre, ne devait pas s'appréhender formellement à la lettre. Il peut paraître plus consistant de se cantonner, dans une approche diachronique, à ce que l'on peut savoir de l'œuvre telle qu'elle se donne à voir de l'extérieur. Mais puisqu'au commencement est le verbe et que le verbe fait la poétique de la Relation, en ouvrant sa possibilité, les mots comptent plus que tout. Dès lors, cette introduction prend place dans un décor planté pour sonder et visiter l'œuvre, plus encore que l'existence, de cette « institution essentiellement philanthropique, philosophique et progressive ». Qu'on ne voie dans cette entrée en matière, au pire qu'un importun commentaire de texte chargé de tant d'audace qu'il confère à la hardiesse, au mieux une monodie.

D'où parle-t-on ? Et d'abord, d'où voit-on ? La vie est-elle égale d'un hémisphère à l'autre ?

Le 5 avril 1844, est créée à Cayenne en Guyane la loge *La France équinoxiale 93*. Un demi-siècle plus tard, les Frères de cette Loge, forts de leur succès se traduisant par des adhésions multiples, prennent l'initiative de solliciter le Grand Orient de France pour constituer « un Atelier symbolique au Rite Français sous le titre '*La Guyane Républicaine*' à l'Orient de Cayenne ».

Il est intéressant de relever que la France Equinoxiale 93 était placée « sous la dépendance de la Grande Loge de France, Suprême Conseil ou Rite Ecossais, ancien accepté » pour reprendre les termes de la lettre datée du 10 mars 1906, adressée alors par les Frères de *La France Equinoxiale 93* au Grand Orient de France. Il est indiqué dans des archives que *La Guyane Républicaine* était « orientée davantage vers la société civile, sans s'écarter des principes de base de la franc-maçonnerie », en se réclamant d'une « convivialité fraternelle des deux Loges qui permit aux membres de maintenir haut le drapeau de la liberté, de la tolérance et des droits de l'homme… pour le bien-être de la franc-maçonnerie et de son essor universel. » '*La Ruche Ecossaise*', quant à elle, est créée le 22 septembre 1925 à Saint-Laurent du Maroni, tout à l'Ouest du territoire, sous forme d'Atelier symbolique régi par les Règlements généraux de la Grande Loge de France.

De l'extérieur, et à l'aune de préjugés sur les relations entre obédiences, cette configuration semble extraordinaire, au sens littéral.

Il convient de noter que la première Loge s'installe dans une société encore esclavagiste, la deuxième abolition survenant le 27 avril 1848 sous la plume de Victor Schœlcher. Et bien qu'elles proclament un universalisme militant, ces loges locales ne semblent pas avoir laissé grande trace de prise de position ni d'actes réprobateurs contre l'esclavage. A l'exception d'une expression compatissante sur « ces déshérités de la nature ». Plus d'un demi-siècle plus tôt, Condorcet les avait reconnus comme appartenant pleinement à la famille humaine. Asservis socialement, pas naturellement déshérités. Il en allait de même de l'abbé Grégoire, rédacteur du décret de la première abolition de l'esclavage daté du 4 février 1794. Ces sociétés philanthropiques et philosophiques en équinoxe auraient donc fait montre de compassion et de charité. Ce n'est pas exactement le credo ni pour la liberté ni pour la justice sociale. Après l'abolition de l'esclavage, l'institution s'appropriait tout aussi simplement dans sa correspondance « notre colonie d'Amérique ».

Peut-on en déduire que, ces situations extrêmes mettant plus clairement à l'épreuve la solidité des principes et des valeurs, le parti pris de principe pour la liberté universelle et l'émancipation individuelle se heurtait à des exceptions face aux réalités ? Ajoutera-t-on que l'entregent de *frères* pour étendre la scolarité obligatoire et laïque fut efficace pour une poignée de garçons, fils d'agriculteurs, le rapport du 11 avril 1892 qui en témoigne signalant sereinement le refus des parents de scolariser leurs filles. Faut-il le leur reprocher ? Alors que la loi Guizot de 1833, requérait l'enseignement des garçons à partir de 500 habitants et seulement à partir de 800 habitants pour les filles.

Le sort qui fut réservé aux francs-maçons sous Vichy fut aussi impitoyable que dans ce qui était encore la métropole, mère patrie chérie assumée. Tandis que Félix Eboué ralliait toute l'Afrique équatoriale française à la France libre, que Gaston Monnerville obtenait un décret-loi permettant la mobilisation d'hommes comme lui âgés de plus de 40 ans, les *frères* en Guyane étaient pourchassés, démis, destitués, leurs biens confisqués, mis sous séquestre, parfois vendus, eux-mêmes emprisonnés, condamnés aux travaux forcés, exilés au bagne sur les îles du Diable. Les Frères de lumière ont payé un lourd tribut à leur attachement à la République et à l'Etat de droit, ce dernier fût-il sur place d'application partielle.

Il était question plus haut des contradictions de Victor Segalen qui se désolait du rétrécissement du divers, tout en voyageant sous mission militaire coloniale. Hugo eut les siennes en s'enthousiasmant pour la colonisation, au nom du prestige de la France et de son œuvre civilisatrice. Ferry déployait, pour maintenir la domination coloniale sur le Tonkin et Madagascar au nom du devoir de civilisation échéant aux « races supérieures », des ardeurs pareilles à celles qu'il mit à instaurer l'école publique, laïque, gratuite et obligatoire. Evidemment, tout cela ne vaut pas paradigme. Il n'est pas inutile néanmoins de signaler les propos plus lucides de Clemenceau qui affirmait réfléchir à deux fois avant de déclarer des races supérieures, depuis qu'il avait « *vu des savants allemands démontrer scientifiquement que la France devait être vaincue parce que le Français est d'une race inférieure à l'Allemand* ». C'était le 31 juillet 1885.

L'intérêt de ces considérations réside dans la part qu'elles peuvent prendre quant aux interrogations susceptibles de devenir incontournables, et qui déjà nous travaillent, face à nos sociétés de plus en plus fragmentées. Chaque fois que se joue, dans les faits ou plus encore dans les consciences, la représentation cruciale qu'une société se fait d'elle-même, il importe toujours de savoir quelles idées virevoltent et lesquelles touchent à l'essentiel et au pérenne.

Puisque l'interrogation présente s'impose par gros temps, quelles idées virevoltent, lesquelles touchent à l'essentiel et au pérenne ? Et que transportent, que promettent, que permettent celles que nous émettons lorsque, responsabilité colossale, notre parole est publique, notre visibilité aisée, notre notoriété établie ?

Dans le tumulte qui, toujours, suit les chocs effroyables et terrifiants dont le sens même est inaccessible et indicible, il est courant que se dispersent et se disséminent une poignée de mots qui disent davantage le désarroi ou l'omnipotence, l'arrogance ou la provocation, sans clarifier aucune méprise ni dissiper d'appréhensions. Ni ébranler les conjectures érigées en axiomes. Ni défaire les haines aussi tenaces que surfaites. Autant de postures définitives qui émanent de situations objectives - ou d'un sentiment - de puissance. Temporel ou spirituel.

La laïcité n'est pas une incantation. Elle est le contraire de certitudes définitives. Les Lumières, si volontiers et à juste titre appelées en renfort, furent un temps long, cahoteux et chaotique, un parcours semé de divergences, de débats, de controverses, une spirale de l'intelligence et des volontés, un télescopage des fatalités et des témérités. Une effervescence.

Installée dans la loi depuis plus d'un siècle, la laïcité ne peut empêcher que toutes les communautés humaines aient été, ou le sont encore pour certaines, soudées par des croyances. Les superstitions et traditions n'en sont pas moins, et pas moins aliénantes. Et si la question de la laïcité en France est celle du rapport aux religions, elle n'est pas que cela. Cette empreinte, encore abrasive, a été laissée par les luttes féroces sous la Révolution, par la permanence et la vigueur des résistances congréganistes, et sans doute aussi par la mémoire de la violence et la récurrence des guerres intestines de religions, cette évocation n'évacuant ni les Croisades ni la Saint-Barthélémy. Car elles sont ainsi, les religions, notamment monothéistes : exigeant obéissance et émerveillement, elles suscitent des fascinations qui, intensément passionnelles et nourries d'une énergie aigre et hostile, deviennent vite bellicistes, y compris en restant dans les limites de la parole.

Si la laïcité confronte la République aux religions, elle ne fait pas que cela. D'abord parce que ce n'est pas l'intransigeance du petit père Emile Combes qui l'emporta en 1905. Et pas seulement parce qu'il n'atteignit pas les sommets d'éloquence de Victor Hugo, grand croyant fustigeant le «Parti clérical, maladie et honte de l'Eglise» lors des débats sur la loi Falloux relative à l'instruction publique en janvier 1850. C'est que l'anticléricalisme virulent de Combes aurait soldé la victoire tonitruante du camp républicain au terme d'un long affrontement dont les dernières conquêtes éblouissantes se sont échelonnées de 1881 à 1904, par la liberté de la presse, l'école publique gratuite et laïque, le rétablissement du divorce, la transmission aux mairies des prérogatives d'état-civil, la laïcité du personnel enseignant, la liberté syndicale, la liberté associative, l'interdiction de tout enseignement congréganiste. Cet anticléricalisme militant et percutant aurait soldé. Mais il s'agissait d'ouvrir l'avenir. La clairvoyance et le sens des réalités de Ferdinand Buisson, président de la commission parlementaire rédactrice de la loi et d'Aristide Briand, rapporteur, convenaient mieux. Leurs dénonciations des combats «acharnés» d'entrave aux libertés menés par l'Eglise alors dominante, furent sans complaisance. Leurs déclarations avaient l'intelligence de la complexité sur la cohésion sociale et culturelle à venir, davantage que le souci de l'écrasement victorieux. Buisson interroge : « *Qui peut prétendre qu'il y ait une éducation sans un ensemble d'influences morales, sans une certaine culture générale de l'âme, sans quelques notions sur l'homme lui-même, sur ses devoirs et sur sa destinée ?* ». Glorieuse mission imputée à l'instruction. Se montrer dignes d'eux aujourd'hui ne consiste pas à rejouer un match gagné, mais à saisir avec la même exigence, la même rigueur, la même sagacité les impérieux féconds pouvant étayer une cohésion solide. Peut-on ajouter qu'on ne dissout pas les contradictions d'une société en les niant ? La loi de 1905 intègre ces contradictions, dès ses deux premiers articles : liberté de conscience et liberté de culte ; accès à l'espace public ; égalité devant la loi. Et très vite, obligation de permettre l'exercice des cultes, y compris dans les lieux d'empêchement tels les prisons, casernes, hôpitaux, internats... Et autorisation des processions. C'est que si la foi est affaire intime, la spiritualité affaire personnelle, la croyance est déjà affaire d'expression et de partage, la religion quant à elle, autant par son étymologie que ses pratiques, est affaire de manifestation dans l'espace public. Et sauf à interdire explicitement les religions, ces contradictions sont «non solubles» au sens où l'entend Habermas sur des différends irréductibles. La force fragile des démocraties tient dans ce qu'elles permettent une vie sociale malgré ces différends ou contradictions non solubles.

Nul n'étant exempt de contradictions, la Constitution détient l'une des siennes dans le Préambule de la Déclaration des droits de l'homme et du citoyen « adoptée en présence et sous les hospices de l'Etre suprême ». Et il y a peu encore, les magistrats faisaient serment de « garder religieusement le secret du délibéré ».

La laïcité vaut mieux qu'une guerre de tranchées, même à coups de mots. Elle mérite mieux que les invectives que se lancent prédicateurs contre imprécateurs de balcon à balcon, par-dessus la tête de millions de personnes qui reçoivent au moins des giclées de postillons dégoulinant de ce dialogue toxique. Car s'il advient que les «invectives» sont proférées de tête à tête, de position dominante à position dominante, l'affrontement ne s'effectue pas de pouvoir à pouvoir, comme ce fut le cas pour la loi de 1905 qui enjoint aux institutions d'être neutres. Les dangers et menaces sur la laïcité comme principe de concorde, sont équivalents, voire supérieurs à ceux du début du vingtième siècle, au moins dans cette intrusion intempestive et imprévisible d'une violence extrême, aveugle, enragée, cynique, une abomination. Il va de soi, sans besoin de l'écrire, que cette violence physique ferme le cercle et que ceux qui en usent comme arguments se tiennent d'emblée et d'office en dehors de toute possibilité de dialogue, pondéré, impulsif, vif ou explosif.

Il est raisonnable de vouloir voir s'exécuter son œuvre, l'idéal étant de faire simple et vite. Les raccourcis et interdits s'y prêtent obligeamment. Les décisions contre les croyants sont plus faciles à prendre. Il est plus difficile et plus long de neutraliser ceux qui, par un discours sommaire mais structuré, des stratégies du chaos et des tactiques de la sidération, conspirent, conspuent, manœuvrent, manipulent et tiennent les comptes.

Nous ne sommes pas égaux devant l'humiliation, ni affectivement, ni socialement, ni symboliquement, pas plus dans le privilège de l'infliger que de l'encaisser. Ni, et sans qu'il soit besoin de le déplorer, devant les capacités de riposte. Il ne s'agit pas d'aligner par le faible, mais de ne pas esquiver ni s'exonérer de la nécessité et des conditions dans lesquelles chacun peut s'adosser aux conditions communes de vie et à l'accès aux savoirs et connaissances, aux outils méthodologiques de mise en question et de mise à distance, pour examiner, éprouver, tester, consolider, étoffer, muscler son bagage savant, symbolique et culturel de compréhension du monde, son potentiel de projection dans le monde réel et le monde rêvé. Pour cela, il est plus long et plus lourd de faire revenir en certains territoires ces services publics qui en ont disparu : les maisons de la culture, les cinémas et théâtres, les médiathèques et kiosques à journaux, les dispensaires et bureaux sociaux. Il n'est peut-être pourtant pas d'urgence plus grande. En attendant d'y ramener une égalité visible, sensible, stable devant les opportunités, contre la marginalisation et les injustices sociales.

Peut-on convoquer les Lumières, sans se soucier de rétablir une éthique de la Disputatio, d'ailleurs bien plus ancienne qu'elles, où se confronteraient selon des règles plus subtiles que l'anathème, des arguments de raison, de culture, de critique, de démonstration, la réfutation brillante de tous dogmes ? On en appellerait à la raison, non sous le couvert d'un universalisme convoqué à la rescousse après avoir mué en conformisme, mais en référence à un universel qui aurait la lucidité de s'abreuver aux sources émancipatrices de toutes les régions du monde.

La laïcité est une idée trop belle, avec ses présupposés et son lustre, pour être rétrécie à une doctrine qui ressemble à religion, celle-ci fût-elle sans dieu.

Condorcet déjà voulait que l'école fabriquât des « citoyens difficiles à gouverner ». Parce que la laïcité a deux vertus fondamentales : la liberté de conscience ou de croyance, et l'émancipation individuelle, elle ne peut se réfugier dans des arguments d'autorité : faire du bien à autrui malgré lui ou à son insu, relève de l'arsenal de la domination. La laïcité en est le contraire : elle offre la matière et le choix.

Outre notre capacité et notre volonté à instruire et éduquer des citoyens difficiles à gouverner, nous avons quelques questions incommodantes : comment sommes-nous devenus cette démocratie péremptoire, comminatoire et auto-exonératoire, qui s'assèche en se croyant accomplie et achevée ?

Au tournant abrupt d'un moment paisible, certains lieux, sociétés philanthropiques et philosophiques, sont des espaces propices à la réflexion et à l'action. Dans un monde où l'on devient négligent à la beauté, où toutes les esthétiques se valent, une institution capable d'inspirer *La flûte enchantée*, conserve son utilité. Qui l'oblige. Sine fine. ❑

Rallumer les lumières

Stéphane Rozès

Stéphane Rozès est essayiste et maître de conférences à Sciences Po Paris. Après avoir collaboré avec plusieurs instituts de sondages (BVA, SOFRES), il est depuis 2009 le président de Cap (Conseils, analyses et perspectives).

La Franc-maçonnerie a sa part dans l'avènement des Lumières, au XVIIIe siècle.

Il y a quatre décennies encore, au moment de la chute du mur de Berlin, l'esprit des Lumières - la raison, le progrès, l'universalisme et l'humanisme – pouvait sembler, dans le monde occidentale, définitivement acquis.

Pourtant, le passé semble nous rattraper et nous faire revenir aux passions tristes d'avant la modernité.

Face aux déstabilisations des imaginaires nationaux générées par le néolibéralisme, la pensée recule, les identitarismes, les fanatismes religieux, le manichéisme, le sectarisme, le complotisme et la recherche de bouc émissaires, prospèrent.

La franc-maçonnerie est bien évidemment interpellée par ce nouveau cours des choses, à rebours de sa philosophie et de ses combats. Mais, plus largement, comment interpréter les régressions actuelles et tracer des chemins pour « reciviliser » la mondialisation, pacifier les peuples avant que les nationalismes et le choc des civilisations ne conduisent à la catastrophe ?

Les Lumières s'éteignent

La première régression est celle de la pensée. Ce recul de la pensée s'est effectué à bas bruit.

Les Lumières, qui la nourrissaient, se sont éteintes peu à peu. L'empêchement des débats au sein de l'Université française, la forme *café du commerce* de la plupart des émissions médiatiques, les invectives sur les réseaux sociaux, le terrorisme islamiste, ou encore la disparition de supports physiques de diffusion et de confrontation de la pensée que sont des revues généralistes de qualité comme *Le Débat*, sont autant de signes de cette régression.

Ce dernier point n'est pas anecdotique. Il offre l'occasion d'un arrêt sur image et d'un retour sur ce qu'il faut bien appeler un affaissement intellectuel général. On sait, en effet, combien les revues ont joué un rôle décisif dans la culture française. Elles sont les dignes héritières des salons du XVIIIe où sur un même thème de conversation chacun pouvait échanger des pensées ou points de vue.

Dans les salons, dans les loges et dans les revues se côtoyaient décideurs, intellectuels, experts, essayistes, et même des gouvernants, qui commentaient, analysaient le monde, confrontaient les idées, anticipaient l'avenir.

Mais, aujourd'hui, les élites et les décideurs ont-ils toujours besoin de penser le monde ? Les citoyens veulent-ils réellement s'orienter vers une meilleure compréhension du cours des choses ? Les lieux de sociabilité intellectuelle que sont les revues - ou les loges - peuvent-ils être, demeurer, des lieux de pensées et à quelles conditions ? Les conversations médiatiques visent-elle à éclairer ? Les réseaux sociaux sont-ils devenus des lieux d'élaboration de pensées ? Les individus veulent-ils s'élever en citoyens ? Les princes qui nous gouvernent souhaitent-ils comprendre le cours des choses ? Ont-ils encore besoin de Lumières ? Force est de constater que non.

Les élites et gouvernants ne veulent pas penser le cours des choses mais s'y adapter.

Du point de vue des élites et des gouvernants, constatons d'abord qu'après la chute du mur de Berlin, le libéralisme l'ayant emporté face au soviétisme, nos élites et gouvernants ont semblé n'avoir plus besoin d'intellectuels pour penser la liberté, le libéralisme, l'articulation entre la démocratie et les marchés. Le totalitarisme était terrassé, le monde meilleur n'avait plus d'ennemis, il était promis.

Une phrase de Pierre Nora, fondateur et animateur avec Marcel Gauchet du *Débat*, après la dissolution de la Fondation Saint-Simon dont ils étaient membres, est révélatrice de ce moment post conflit Est/Ouest : « *Les personnes qui ont des moyens n'ont plus besoin des gens qui ont des idées* ».

Surtout, dès le milieu des années 1970, l'hégémonie néolibérale et son idéologie s'imposèrent. Il s'agissait de faire passer les communautés humaines du «gouvernement des hommes à l'administration des choses». Le pouvoir politique sous dépendance des citoyens devrait, pour faire face à des contradictions croissantes agitant les sociétés, transférer leurs prérogatives et responsabilités à des instances de gouvernances nationales et internationales fondées sur leurs expertises.

La conjonction entre le moment post-communiste et la logique néolibérale dans les attitudes et décisions de nos élites et gouvernants ont fait que les marchés ont prévalu sur la démocratie, la technique s'est substituée au politique, la mise en place des moyens a remplacé les débats sur les finalités, l'innovation est à la mode en lieu et place du progrès et l'anticipation du monde l'emporta sur sa compréhension.

Les élites, au nom de l'efficience de cette globalisation néolibérale, ne devaient plus penser le monde, l'interpréter, l'anticiper, mais seulement s'y conformer le plus rapidement et le mieux possible.

En cela le néolibéralisme est l'inverse du libéralisme. On devrait penser dorénavant «l'efficience», indépendamment du «bon» et du «juste». Le calcul devrait se substituer au débat, l'expert l'emporter sur le penseur, le technocrate sur le politique. «La gouvernance par les nombres», selon la formule d'Alain Supiot, devrait l'emporter sous toutes les latitudes.

Or, si il y a un pays absolument rétif à ce régime de post-modernité, c'est bien la France.

L'esprit français pourrait se résumer à notre universalisme. La France a besoin de se projeter politiquement dans l'espace et le temps pour faire tenir la diversité qui lui est consubstantielle dès ses origines. L'histoire de sa «fabrication» est celle d'un Etat, qui devient Nation, et qui propose au monde la République universelle. Dès lors, comment notre pays s'accommoderait-il de l'Etat diminué que prônent ses élites, de la Nation diluée que l'européisme organise, de l'universalisme dénaturé que la mondialisation offre ?

Les individus ne souhaitent plus tant comprendre le monde que d'en être.

Du côté des citoyens, on ne veut plus tant penser un monde qui échappe que d'abord en être, lui appartenir. C'est ce qui explique les régressions actuelles dans la vie publique et intellectuelle.

Autrefois enclavés dans des appartenances religieuses, statutaires, de classes sociales ou nationales, les individus, quand survenaient des crises, trouvaient des abris cognitifs, psychologiques, sociaux, intellectuels ou idéologiques qui leur permettaient de s'approprier, de rationaliser le cours des choses, à partir de ce qui les reliait aux autres.

Le monde pouvait bien dysfonctionner, entrer en crise, guerroyer, les individus disposaient des moyens d'en rendre raison, d'espérer dans la croyance que demain serait à terme meilleur, que le progrès prévaudrait à certaines conditions, conditions qu'il leur fallait penser et confronter entre elles.

Ainsi pouvaientt s'élaborer non seulement des idées mais des pensées liées au régime d'historicité partagé du moment, que cela soit celui des Anciens ou des Modernes

Pour les Anciens, le passé faisait le présent. Avec les Modernes, l'avenir, sa perspective même, conduisaient le présent. Avec la post-modernité néolibérale actuelle, plus rien ne fait le présent car le futur se dérobe et le mouvement immédiat de l'histoire devient sa finalité.

L'individu post-moderne, délesté des appartenances collectives passées des anciens et des perspectives d'avenir des modernes, se sent aujourd'hui seul, livré à lui-même, face à un cours des choses qui depuis trois décennies lui échappe.

La nouveauté de la période ne réside pas essentiellement dans le chômage de masse, la précarité, les inégalités, la paupérisation des classes moyennes qui déstabilisent objectivement les sociétés, mais plus profondément dans l'idée que le futur dépendrait de forces techniques, des marchés, des gouvernances, des technocraties et des expertises désincarnées.

Dans la post-modernité néolibérale, le cours des choses se dérobe aux citoyens. Car comprendre le monde, le penser, c'est déjà pouvoir admettre et envisager que le réel est indépendant de soi. C'est avoir la capacité de rendre raison du cours des choses, qu'il soit un objet de réflexions, de discussions, de disputes, d'élaborations intellectuelles nonobstant, autant faire se peut, la place qu'on y occupe et la rétribution symbolique ou matérielle que pourrait occasionner le fait de le penser de telle ou telle façon. Tout réside dans l'élévation citoyenne, le travail sur soi qui consiste à s'orienter du point de vue que l'on se fait de l'intérêt général qui nous relie aux autres.

Il y faut un considérable effort personnel et des grilles d'analyses adéquates.

Vouloir appartenir au monde, c'est l'inverse, c'est immédiatement accessible. Appartenir au monde c'est aller chercher dans son rapport immédiat et de proximité aux autres une justification de sa propre existence.

Comme on ne peut plus être au monde à partir de sa contribution positive à un avenir collectif meilleur, puisque le futur se dérobe, on va spontanément chercher des dommages dont soi-même ou ses ancêtres auraient été victimes.

Il faut alors remonter à des déraillements, réels ou supposés, dans le passé, et y trouver une explication à ses malheurs présents. On va se mettre à l'abri d'identités excluantes, d'identitarismes de genre, de pratique sexuelle, d'origine ethnique, de religions, de statuts, lieux, maintenant de couleurs de peau que l'on naturalise de sorte qu'elles constituent une créance permanente sur la société.

Chaque identitarisme peut se trouver ponctuellement des alliés intersectionnels liés par le ressentiment contre un ennemi, un bouc émissaire commun : l'homme occidental, le bourgeois, l'hétérosexuel, le vieux, le blanc...

Ce faisant, on tourne le dos à l'universalisme, à l'humanisme, à l'esprit républicain et à la laïcité face à des marchés naturalisés par le néolibéralisme.

Nul besoin, alors, de penser, de comprendre le monde ; il suffit de juger, de faire de la morale, de définir le mal et le bien, de s'installer dans ce dernier camp et de se sauver en imputant les malheurs du monde au camp d'en face.

Tels sont les mécanismes socioculturels d'extinction des Lumières et de régression de la pensée. Ils opèrent dans les milieux dits intellectuels, plus encore qu'au sein de la nation dont la dispute commune demeure le mode de socialité spontanée.

Manichéisme, fake news, complotisme, dénonciations «d'appropriation culturelle», «cancel culture», théorie de l'intersectionnalité essaiment dans la petite bourgeoisie intellectuelle en quête de causes et de victimes pour justifier de son utilité sociale.

A l'Université, des débats ou des représentations théâtrales sont ainsi empêchés car jugés comme des offenses à des minorités dont seules l'appartenance et l'expérience souffrante permettraient de ressentir et saisir l'ampleur des enjeux.

Ces mécanismes illustrent la crise des sciences humaines et des enclosures universitaires, devenues comme autant d'abris des idées communautaristes et identitaristes et qui culminent dans l'idéologie «intersectionnelle».

Idéologie, car **l'intersectionnalité n'est pas une réalité sociale. Les rapports de classe, les oppressions de genre, les stigmatisations liées aux pratiques sexuelles et discriminations ethniques, religieuses ou racistes ou systèmes racialistes sont des phénomènes sociaux de nature fort différente.**

C'est bien parce que l'intersectionnalité n'est pas une réalité sociale que son application politique oblige à recourir à la seule chose qui puisse la faire tenir ensemble qu'est la construction d'un bouc émissaire commun : l'homme blanc, occidental, hétérosexuel et éventuellement bourgeois.

Le succès de l'intersectionnalité en certains milieux médiatique et universitaires ne vient pas de sa réalité, ici et maintenant, mais au contraire d'une crise du régime d'historicité qui percute la petite bourgeoisie intellectuelle dans un cours actuel des choses qui lui échappe.

L'intersectionnalité, dans son projet de naturalisation des individus dans des communautés essentialisées, est la réponse prétendument «humaine» à la naturalisation des marchés.

L'intersectionnalité est la voiture balai du néolibéralisme.

Retour à la souveraineté : un progrès humaniste et un universalisme réaliste

Si les peuples se renferment, régressent, se détournent des Lumières en se naturalisant dans une nouvelle servitude volontaire identitariste, c'est que la maitrise de leurs destins semble leur échapper.

La singularité de la mondialisation actuelle, sous hégémonie néolibérale, est sa prétention à «faire le bien». Ses institutions, ses gouvernances, ses politiques détachées des us et coutumes des peuples, seraient la continuation historique du «progressisme» d'hier. Les faits ont tranché : il se passe l'inverse. Le post-progressisme est un anti-progressisme.

Dans ses modalités actuelles, la gouvernance et la globalisation néolibérales dans ses dimensions économique, financière et numérique, éloignent des peuples qui s'obstinent à rester divers culturellement. Cela entraîne chez eux, en réaction, un sentiment de dépossession de maîtrise de leurs destins et des replis identitaristes, religieux et nationalistes.

Pour *reciviliser* la mondialisation et éviter des guerres, il faut réparer les imaginaires nationaux. Il faut se réapproprier le cours des choses. Les peuples doivent retrouver la maîtrise de leurs destins, leur souveraineté. Cela passe par la dénaturalisation des processus en cours. Il faut pour cela penser ensemble les questions culturelles, religieuses, scientifiques, politiques, économiques et les rapports sociaux.

Il faut sans doute aussi repenser la question de l'universalisme et du progrès. Mais de façon concrète, et non de façon abstraite. De façon humaniste, non de façon technique. A partir de communautés humaines au travers de leurs nations démocratiques réunies en concert, non à partir de fiction, telle la communauté internationale.

Le progrès ne vaut et n'est désiré que s'il est humainement commensurable.

Il existe bien un universel qui transcende chaque peuple et les relie entre eux dans leurs aspirations à une cohérence entre leurs représentations culturelles, croyances, institutions, rapports sociaux et appropriations technologiques. Mais chaque pays a sa façon singulière d'arbitrer ses choix à partir du fait de son imaginaire symbolique, politique, social, culturel.

Seuls le politique et la démocratie - et non la morale, le droit ou la «raison économique» - peuvent trancher entre le bon, le juste et l'efficace et ordonner les intérêts.

Chaque peuple y répondra différemment, le nôtre comme les autres, mais à partir de ses singularités.

Ainsi en France, notre singularité prend aujourd'hui la forme de la République. « La République une et indivisible ; notre Royaume de France » repérait Péguy.

Chez nous, la centralité de la République ne passe pas seulement par le nécessaire respect de ses valeurs et de la laïcité, mais par le fait d'offrir un avenir commun à tous ses enfants, ce qui passe par le fait de remettre l'Etat au service de la nation et de sa souveraineté pour, à nouveau, nous projeter dans l'espace et le temps.

Nul doute que, dans cet effort, pour ce sursaut, la Franc-maçonnerie a son rôle à jouer.

Le socle de valeurs humanistes communes qui fonde les loges permet de le faire au travers d'une pluralité d'approches ancrées dans la diversité de situations sociales, de connaissances et d'expériences concrètes.

Les liens, échanges, partages d'expériences et élaborations communes des francs-maçons au plan international, sont, au vu de l'ampleur des défis actuels, indispensables.

Conservatoire des idées de progrès, la Franc-maçonnerie peut, et doit, continuer d'en être le laboratoire. ❑

De la peur de vivre à la peur de la vie Ou l'échec des médiateurs autoproclamés

Boualem Sansal

Ecrivain algérien d'expression française, Boualem Sansal est lauréat en 2015 du Grand prix du roman de l'Académie française pour son roman* 2084 : la fin du monde. *Militant du rationalisme, il est également lauréat de plusieurs prix couronnant son engagement pour la laïcité et l'universalisme.

Au cours de l'année 1968, combien riche en bouleversements, le hasard m'a offert deux petites trouvailles qui avec le temps allaient influencer le cours de ma vie. La première est arrivée dans une venelle étroite et sombre d'Alger qui servait d'annexe de l'Université, laquelle trônait au centre-ville, à trois pâtés de maisons de là, et y trône toujours, mais comme une reine déchue, je veux dire sans la poésie révolutionnaire d'antan, j'ai nommé la *rue de Tanger*.

Cette ruelle d'une centaine de mètres était fameuse pour trois raisons qui s'appareillaient merveilleusement : on y trouvait des maisons de tolérance, interdites mais encore tolérées, des bouquineries pas plus larges qu'un couloir et des gargotes minuscules qui jour et nuit exhalaient de puissantes odeurs de fritures de sardines épicées à l'acide et de soupes de haricots blancs tout aussi radioactifs. Les étudiants désargentés que nous étions avions trois bonnes raisons de nous y rendre aussi souvent que le permettait notre maigre bourse, nourrir notre ventre affamé, dégouté de la bouffe vermineuse du resto U, nourrir nos cervelles avides de littérature et de voyages, et ranimer notre libido étouffée par le puritanisme islamo-nationaliste postcolonial qui se mettait en place dans notre pauvre République Algérienne Démocratique et Populaire, la RADP, menée au combat anti-bourgeois, anti-impérialiste et antisioniste par l'austère et cruel colonel Boumediene, président du Conseil de la Révolution, qui, une fois débarrassé de ses amis et de ses ennemis, commençait à se voir en possible maître du monde. Il mourut dix années plus tard, en 1978, à 46 ans, d'une de ces maladies rares qui frappent spécialement les tyrans insignifiants et les mégalos aux petits bras.

Chez maître Ali, mon bouquiniste préféré, je suis tombé sur un livre qui allait longtemps m'occuper l'esprit : « *La vie d'Abdelkader* » de Charles-Henry

Churchill (1867). Personnage éblouissant, digne de la Grande Histoire, qui prouve qu'on peut à la fois être un homme d'Etat, un chef de guerre, un poète, un philosophe, un théologien, un mystique, et un homme d'honneur. Pour le bon poids, le bouquiniste m'offrit un annuaire de la taille d'un paquet de cigarettes qui donnait la liste des grands francs-maçons de l'Algérie française, il avait bien vu que j'étais intrigué par ce livret, et comme il savait qu'il ne lui trouverait jamais preneur, il me le tendit en disant « *Ce truc raconte que l'émir était franc-maçon, c'est archi-faux, il ne faut pas croire ces juifs, l'émir était un vrai musulman, un chérif parmi les chérifs* ». Il exprimait là une vérité qui aujourd'hui encore en 2020 a force de loi fondamentale : la franc-maçonnerie, c'est le mal absolu, juif donc, et l'émir n'en a jamais été membre. Je l'ai remercié sans comprendre son avertissement ; moi ce qui m'avait surpris en feuilletant le livret, c'était de voir le nom de notre héros national, l'émir Abdelkader, le fondateur de l'Etat algérien, figurer dans un annuaire de maçons ; pour moi maçons voulait dire maçons, des charpentiers et des tailleurs de pierres, rien de plus. Il y avait maldonne, l'émir était un bâtisseur d'empire, pas un constructeur de palais.

La deuxième découverte arrivera trois mois plus tard à Paris. J'y débarquais pour la première fois. En ce temps, voyager n'exigeait aucune formalité, on prenait l'avion ou le bateau et on entrait chez l'ex-colonisateur comme dans un moulin, il était heureux de nous voir, on lui ramenait un peu d'air du pays perdu, « tiens, respire ! ». La vie était belle, on se nourrissait de sandwichs et on trouvait le reste dans les auberges de jeunesse et les centres Léo Lagrange. On se faisait des copains et des copines d'un jour qui nous offraient le supplément. C'était le bon temps, on ne fait plus de vacances d'étudiants comme ça aujourd'hui, l'époque est aux barricades et aux patrouilles le long des frontières, elle exige beaucoup de papiers, d'argent et de peine pour seulement arriver devant la guérite de la douane qui dira oui ou qui dira plus souvent non.

Un matin, après avoir exploré les bons coins du Quartier latin, en particulier la rue de la Huchette qui ressemblait tant à notre rue de Tanger, j'ai rejoint la Seine en descendant la rue Saint-Jacques et là, au bout, le coup de foudre : Notre-Dame de Paris, elle resplendissait au soleil de Dieu ! J'y ai passé la journée à rêvasser, à questionner la statuaire, clairement ésotérique, à imaginer d'extraordinaires délibérations. Le monument était un livre magique, il parlait à l'esprit par télépathie. En chinant les bouquinistes, un livre sous cellophane a attiré mon attention et sans réfléchir, j'ai investi tout ce que j'avais en poche pour l'acquérir. Il avait pour titre : *Le mystère des cathédrales*, son auteur était un certain Fulcanelli, dont l'identité réelle reste à ce jour inconnue. C'est dans ce livre et ceux qui suivront que j'appris le monde étrange et fascinant de l'ésotérisme et de l'initiation au long cours, ainsi que l'existence de ces organisations secrètes ou discrètes, appelées les Templiers, les Rose-croix, les Francs-maçons, à qui les vulgarisateurs prêtent des pouvoirs fabuleux sans jamais réussir à dire quels buts transcendants elles viseraient. En vérité les gens simples en ont peur comme les effraie tout ce qui est caché et qui pratique des sabbats mystérieux derrière des murs épais. Comment les convaincre que la lumière se cache et que les ténèbres sont son lit ?

Les francs-maçons, dont l'existence est la plus visible, disent d'eux-mêmes qu'ils cherchent la vérité et qu'ils œuvrent au progrès de l'humanité. Rechercher la vérité oui mais laquelle, et pour quelle humanité et qu'est-ce que le progrès ? Ils ne le disent pas ; or les peuples veulent savoir où va leur monde et ce qu'il adviendra de leurs enfants. Le mystère qui est l'essence du pouvoir les pousse à imaginer leurs tuteurs invisibles plus puissants qu'ils ne sont, et donc forcément tyranniques. Car après tout, les francs-maçons sont pour la plupart des hommes de pouvoir et de savoir, des politiciens, de grands commis d'Etat, des officiers supérieurs, des sommités qui comptent dans leurs sociétés, accroitre leur pouvoir d'influence, le concentrer entre leurs mains et le pérenniser va donc de soi.

Le hasard, toujours le hasard, m'offrit, de nombreuses d'années plus tard, de me lier d'amitié avec des francs-maçons de haut rang et d'améliorer ma connaissance de ce courant de pensée. Mais comme la vie commençait à me l'apprendre, plus on sait de choses moins on comprend. Le savoir a beau s'accumuler, il reste toujours relatif et à vrai dire insignifiant. Il n'est pas de science, pas de sagesse, ni de religion, qui puisse venir à bout du doute, seul véritable moteur de la vie.

Les questions que je me posais au début sont toujours là, aucune n'a reçue de réponse définitive.

Revenons à l'Émir Abdelkader. Pourquoi a-t-il quitté le Grand Orient en 1877 après y avoir adhéré treize années auparavant, en 1864, avec tant de conviction et d'enthousiasme ? Serait-ce seulement parce que l'Ordre venait, après d'énormes polémiques dans ses rangs, d'abolir dans ses statuts toute référence au Grand Architecte de l'univers et à l'immortalité de l'âme ? Beaucoup le pensent. En tant que soufi, imprégné de la pensée d'Ibn Arabi, le concepteur de la doctrine ésotérique du wahdat al-wujud, l'Unicité de l'Être, il lui importait de toujours se placer en pensées et en actes dans l'orbite du Grand Architecte de l'univers. S'en éloigner c'est se rapprocher du vide et se laisser emporter par la prétention humaine à vouloir remplacer Dieu sur terre.

Avait-il craint d'être instrumentalisé par le Grand Orient dans les jeux géostratégiques qui se déroulaient au Moyen-Orient, marqués à ce moment par les émeutes antichrétiennes en Syrie, animées en sous-main par l'empire ottoman que sa fin programmée en Europe rendait fou furieux ? Beaucoup de ses proches le pensaient et ont sans doute cherché à l'éloigner de cette officine. Il était de notoriété publique que le Grand Orient était très actif dans cette région à travers la loge des Pyramides, sise à Alexandrie en Egypte.

Mais l'Émir avait aussi ses détracteurs. Pour beaucoup de musulmans et de nationalistes arabes, les algériens en premier mais qui ne le disent jamais à haute voix, il aurait trahi sa religion et son peuple qu'il a abandonnés à la tutelle coloniale. On lui reprochait d'avoir, après sa défaite face à l'armée coloniale, cessé toute forme de combat contre l'envahisseur français pour à la fin reconnaître sa souveraineté sur le pays et accepter d'être sacré par lui de « Grand Ami de la France » et Grand-Croix de la Légion d'Honneur, et, suprême injure, pensionné à vie ainsi que sa smala, pension que la France continuera de verser à ses descendants jusqu'à nos jours (c'est sous la présidence de Hollande que l'Etat français a cessé ce versement). Ces honneurs et ces rentes, tels les deniers de Judas, étaient vus comme le prix de la trahison. S'éloigner de la franc-maçonnerie aurait été sa façon d'excuser son amitié avec la France, fille aînée de l'Eglise et du Grand-Orient.

Cet épisode a été une raison de plus pour les musulmans de considérer la franc-maçonnerie comme un instrument (ou le promoteur) de l'impérialisme français dont le but est de détruire l'islam et la nation arabe.

Je reprends ici un passage de l'interrogatoire initiatique auquel l'Émir avait accepté de se soumettre en 1864 à Alexandrie pour conclure son adhésion au Grand Orient de France, il résume ce que le monde musulman pensait de la franc-maçonnerie[1] :

Q : Que pense-t-on de la franc-maçonnerie dans les pays orientaux ?

R : La maçonnerie, dans l'Orient, est mal considérée par ses habitants. On regarde généralement les francs-maçons comme des gens sans croyances, des athées sans lois, prêts à troubler l'ordre de la société. Moi-même, avant d'avoir lu ses statuts, je

[1] Rapporté par plusieurs auteurs (Xavier Yacono, Bruno Etienne,...)

partageais les mêmes opinions. Ce n'est qu'après avoir approfondi son but et ses lois que je me suis convaincu que c'était la plus admirable institution de la terre.

Q : Pensez-vous pouvoir propager la franc-maçonnerie dans ces contrées ?

R : Les peuples n'y sont pas encore disposés. Il serait même impossible, dans le pays que j'habite (la Syrie), qu'une réunion maçonnique puisse exister...[...]

Aujourd'hui, même en Europe, la franc-maçonnerie, et plus largement ce que les complotistes appellent la triade impérialo-judéo-maçonnique, est accusé de tous les maux de la terre. Il n'est pas un problème mondial ou local derrière lequel on ne voit pas son ombre s'agiter. En France, les Alain Soral, Dieudonné M'bala M'bala, Michel Collon, Marc-Edouard Nabe et autres spécialistes au discours bien rodé instruisent un procès permanent contre ladite coalition pour convaincre des foules déjà acquises car mille fois trompées par leurs propres gouvernements.

Le déclin observé de l'Occident face aux puissances émergentes (Chine, Russie, Inde... qui aujourd'hui se coordonnent avec une vingtaine d'autres états, dans l'Organisation de Coopération de Shanghai, et qui peu à peu déplacent le centre du monde en Asie) se traduit par l'affaiblissement des institutions et des organisations qui ces derniers siècles, ont fait la gloire de l'Occident et permis sa suprématie sur le monde. Cette dévitalisation frappe gravement ses élites, engagées dans une mondialisation qui se fait plus par délocalisation des hommes et des entreprises hors du territoire national que par des coopérations entre états et nations.

Le temps des ordres maçonniques est-il fini ? On répondrait par l'affirmative au vu du rejet dont ils font l'objet en Occident, et ailleurs où ils n'ont jamais réellement pris pied. On dirait oui également au vu de l'émergence de nouvelles organisations «civiles» savantes concurrentes qui se proposent d'influencer les états, les gouvernements et les sociétés, et de préparer la nouvelle gouvernance mondiale, tels les Brookings institution, Carnegie endowment for International Peace, Freedom House, French institute of international Relations (IFRI), Rand Corporation, Bruegel, Center for strategic and international studies, l'Open Society fondations de Soros, Otpor, Bill and Melinda Gates Fondation, Terra Nova...) et autres organisations informelles comme le tout-puissant club Bilderberg, ce qui revient au fond à vouloir donner au monde de nouvelles vérités et une nouvelle définition du progrès.

Nous avons récemment appris de la bouche d'Alain Bauer que « *le programme de Mitterrand a été écrit au Grand Orient* ». Ceci est-il encore possible de nous jours avec un Macron qui semble être fortement marqué par d'autres influenceurs, dont sa propre personne ?

Après les vérités des religions et des confréries, puis celles des idéologies (communisme, capitalisme…), voici venue la vérité des magnats et des managers. Mammon aura gagné contre le Grand Architecte de l'univers et contre le Fils de l'Homme.

L'état dans lequel se trouve le monde prouve que le code génétique de l'humanité a été gravement endommagé par toutes ces manipulations. Les peuples sont épuisés, ils se sentent perdus, dépossédés, sacrifiés sur ils ne savent quels autels. Leurs révoltes (Podemos, Printemps arabes, Gilets jaunes, Hirak…) tournent toutes court car ils ne disposent pas de toutes les données pour se guider vers la liberté et le pouvoir. Un guide honnête serait le bienvenu, le désespoir des peuples est en train de transformer la peur de vivre, somme toute naturelle en la peur de la vie et ça c'est bien le début de la fin des temps.

De plus en plus nombreux sont ceux qui se laissent tenter par l'offre des islamistes ou celle des évangélistes, ils ont les bons accents pour dire les volontés de Dieu et l'efficacité indépassable du djihad. Chez eux, point de hiatus entre la pensée et l'action, aucun délai de réponse, aucune possibilité d'atermoiement et de remise en cause, la parole est action et l'action est parole.

Au vu de cela, on peut se demander si le Grand Orient ne devrait pas rétablir le Grand Architecte de l'Univers dans ses fonctions, sans cependant rien lui céder sur la laïcité, et offrir aux peuples un but plus exaltant que le progrès, vocable toujours compris dans son sens matériel, étant acquis que l'humain lui ne change pas, il est ce qu'il a été et il sera ce qu'il est comme l'Ecclésiaste nous l'a appris il y a plusieurs millénaires. Mais peut-être devrait-il simplement ouvrir ses portes aux peuples, qui, comme dans l'auberge espagnole, y viendront avec leurs espoirs d'une vie meilleure, avec leur dégoût de la gouvernance actuelle du monde et avec leur peur de ce progrès qui détruit leur planète, les lobotomise et les transforme en esclaves béats. ❑

Donner un sens supplémentaire à une riche histoire

Marcel Gauchet

Philosophe et historien français, Marcel Gauchet a été fondateur et rédacteur en chef de la revue Le Débat. Ses dernières prises de position publiques, de tonalité clairement républicaine, lui ont valu d'être classé parmi les intellectuels conservateurs.

La franc-maçonnerie vient de loin. Elle a une longue histoire derrière elle. Comme historien, je la sais associée à la grande question des origines de la Révolution française, avec tout le légendaire qui s'est greffé autour de son rôle. Mais je n'ai pas l'impression que cette dispute passionnée, qui a fait couler tant d'encre, compte encore dans l'image que s'en font les citoyens ordinaires. Ce qui reste très présent, en revanche, c'est l'association de la franc-maçonnerie à l'établissement de la République, la bonne, la solide et définitive, la troisième du nom. Combat laïque, anticléricalisme, séparation de l'Eglise et de l'Etat, radical-socialisme, les accents peuvent varier d'une personne à l'autre, comme les appréciations liées aux préférences partisanes, mais c'est autour de ces thèmes que s'organisent les représentations courantes. C'est vrai pour moi comme pour la plupart de nos compatriotes, je crois. Je précise ici que je ne parle que du Grand-Orient, la seule obédience sur laquelle je sois un tant soit peu renseigné.

Evidemment, la République radicale, ses personnalités à barbiche, ses grands notables, c'est loin, très loin, et, disons-le, terriblement inactuel pour la grande majorité des contemporains. Un passé hautement respectable, vis-à-vis duquel les animosités qu'il a longtemps suscitées se sont apaisées, mais parce qu'elles relèvent, justement, d'un acquis historique qui est derrière nous. Bref, pour ne pas reculer devant un mot quelque peu cruel, je dirais que l'image dominante de la franc-maçonnerie est celle d'une survivance dépourvue de rôle public actif. La sensibilité complotiste continue certes de déployer ses fantasmes autour du réseau occulte qu'elle représenterait, mais ce réseau est supposé être au service des intérêts de ses membres, pas d'un projet idéologique ou politique, très significativement. Il n'est plus question de subversion de l'ordre établi ou de conduite secrète de la politique de la République, mais seulement de corruption à petite ou grande échelle. L'identification de la doctrine franc-maçonne est des plus floues, et le dessein qu'elle poursuit nébuleux, ce qui alimente d'ailleurs l'imaginaire du complot. Il faut bien qu'il y ait une raison d'être à cette institution dont on ne voit pas le but.

Mais au milieu de cette désuétude, La franc-maçonnerie s'est faite la gardienne d'une vertu à laquelle notre situation historique redonne une actualité capitale : l'aptitude à la discussion sérieuse et respectueuse. Je pourrais y joindre une vertu connexe : la foi dans l'efficacité collective de cette confrontation des idées. J'en parle en connaissance de cause, pour en avoir fait l'expérience à différentes reprises sur des questions aussi épineuses que contentieuses.

Qui l'ignore désormais ? Le climat du débat public s'est très sensiblement dégradé au cours des dernières années, pour un faisceau de raisons que ce n'est pas le lieu d'analyser. Nous avions connu, depuis les années 1980, un moment d'apaisement qu'on pourrait dire sommairement « post-totalitaire » de la vie démocratique. Le principe du pluralisme semblait l'avoir irréversiblement emporté. Cet esprit avait même trouvé sa traduction théorique dans la promotion d'une «éthique communicationnelle». On pouvait avoir l'impression que le dialogue argumenté avait enfin acquis pleinement droit de cité. De manière surprenante, ce moment d'ouverture s'est refermé. Nous avons assisté à une polarisation croissante des opinions, à un retour virulent du sectarisme, à une résurgence de la disqualification morale a priori des contradicteurs. Le constat d'hystérisation de la discussion publique est devenu banal. C'est un véritable système d'interdits qui s'est abattu sur la scène politique, avec des effets paralysants pour le processus démocratique, empêché de traiter sereinement et à fond les sujets cruciaux qui devraient être sa matière première.

Dans cette ambiance sur laquelle il n'est pas nécessaire de s'étendre longuement, tellement elle est présente à l'esprit de tous, l'actualité en offrant, jour après jour, l'illustration à foison, la question des moyens d'y résister devient primordiale. Il est essentiel que survivent et vivent des lieux où la dignité de la discussion démocratique, composante majeure d'une société humaniste, est préservée et cultivée.

La situation nous amène, non pas à découvrir à proprement parler, mais à expliciter une règle non-dite de la démocratie au-delà de ses principes formels, hors de laquelle son exercice se dégrade gravement. Il ne suffit pas de protéger les libertés de chacun et de voter. Encore faut-il que les choix collectifs puissent être effectués en pleine connaissance de cause. Il faut pour ce faire que tout puisse être librement discuté, sans tabou et sur la base d'une information aussi complète et impartiale que possible. Enoncer la règle suffit à faire ressortir son écart avec la situation réellement existante. Nous avons sur toutes les questions les plus sensibles et les plus cruciales pour l'avenir, des disputes qui tiennent lieu de diagnostics, avec le sentiment que les disputes sont faites pour empêcher le diagnostic. Les démocraties s'enfoncent dans l'impuissance parce qu'elles marchent à l'aveugle. Contre cette pente destructrice, il leur faut renouer avec le noble idéal du «gouvernement par discussion», sur un plan bien plus large que celui qu'envisageaient ses promoteurs d'origine. Cela demande de créer une culture de la discussion civique, guidée par le souci de l'intérêt commun, le respect des interlocuteurs, l'observation des règles de raison. Toutes choses dont il est impossible d'ignorer qu'elles n'existent pas dans la nature, mais supposent une formation, un apprentissage, bref, une culture. On a pu rêver, vieux rêve républicain, que l'école satisferait à ce besoin. Nous en sommes loin. Elle fournit dans le meilleur des cas, les bases indispensables à cette participation à la conversation civique. Mais l'exercice de celle-ci, dans les conditions de la société actuelle, réclame autre chose et bien davantage. Elle est une démarche à part entière.

Par rapport à cette exigence, la longue expérience de la franc-maçonnerie représente un acquis précieux que c'est le moment de faire fructifier. Elle a ses buts propres, et il ne s'agit pas de lui demander de devenir autre chose que ce qu'elle est. Mais il serait difficile de croire que ce marasme de la vie publique lui indiffère. Il ne s'agit plus de faire avancer les principes des Lumières : ils l'ont emporté. Il s'agit de donner sa véritable portée pratique à leur mise en œuvre, menacée de sombrer dans la caricature. C'est une tâche dont, de l'extérieur, on est fondé à penser qu'elle se sent partie prenante. Et sa contribution peut être considérable, en fonction de la tradition qui est la sienne. Elle peut être un des lieux de formation des citoyens éclairés dont la démocratie a un besoin criant, dans les profondeurs de la vie sociale comme à son sommet politique. Des citoyens aguerris à la confrontation des idées, entraînés à la recherche de la vérité des choses, en mesure de donner l'exemple du calme de la raison au milieu des tempêtes médiatiques. Ce serait donner un sens supplémentaire à une riche histoire. ❑

Maçons, si vous pouvez aider…

Cédric Villani

Le mathématicien Cédric Villani est lauréat de la médaille Fields en 2010. Elu député en 2017, il a été récemment le porte-parole de Delphine Batho dans la primaire d'Europe Ecologie les Verts.

La construction est sans doute la métaphore la plus couramment utilisée pour évoquer la démonstration mathématique. On parle de construire sa démonstration comme une maison, avec les fondations, les différentes briques qu'il faut cimenter ensemble, la charpente du raisonnement et les murs qui s'appuient dessus, l'art de faire et défaire les arguments, de les emmancher, de les redessiner. Mathématiciens, nous voilà maçons du raisonnement, architectes des concepts ! Il était normal que je fasse dans ma vie intellectuelle une bonne place aux francs-maçons.

Dans ma bibliothèque personnelle, un beau livre superbement illustré (NDLR : *A la découverte des temples maçonniques de France,* Textes de Ludovic Marcos et photos de Ronan Loaec – décembre 2017 - Dervy) recense les temples maçonniques de France et décrit, pour chacun d'entre eux, une histoire, une particularité de décoration, un thème remarquable. J'ai longuement contemplé celui de Brive, ma ville natale : l'un des amis les plus proches de mes parents à l'époque était franc-maçon et y a forcément passé des heures intenses.

Dès que j'ai décroché la médaille Fields, les invitations à m'exprimer devant des loges maçonniques sont arrivées. Quand je repense à ces événements, le premier souvenir marquant est toujours celui du lieu et de l'ambiance qui vient avec. C'est quelque chose, un exposé devant une loge, pour un profane ! Le décorum, les tenues, les phrases, les livres, les objets, les symboles, le rituel…

Au début, je me suis demandé pourquoi diable j'étais convié. Ces rencontres ne cadraient guère avec ce que l'on peut lire dans les dossiers spéciaux, reportages spéciaux, éditions spéciales, fleurissant régulièrement dans la presse pour évoquer le rôle des francs-maçons aujourd'hui.

Mais exposé après exposé, il est devenu tout à fait naturel pour moi que l'on renouvelle l'invitation, le plus souvent pour parler du sens de la mathématique, et parfois de l'intelligence artificielle ou d'autres sujets liés aux sciences.

Un exposé, c'est une action collective qui fait intervenir aussi bien le conférencier que les spectateurs, quelque chose passe ou pas ; avec les francs-maçons, c'est toujours passé. Parfois un repas venait prolonger informellement les échanges. Mais invariablement, avait été renforcée dans mon esprit la convergence entre la mission mathématique et les idéaux et symboles fondateurs de la franc-maçonnerie.

Les idéaux visant à comprendre et deviner les harmonies cachées dans l'univers, percer son sens ; les règles, les outils utilisés par le «Grand architecte de l'Univers» : on croirait lire du Pythagore ou du Galilée. Les symboles maçonniques les plus célèbres sont le compas et l'équerre : n'est-ce pas le bagage des écoliers en cours de mathématique ?

Citant volontiers Aristote pour commencer mon propos, j'évoquais les valeurs clés de la Mathématique : la précision, l'ordre, la commensurabilité. L'art de trouver les lois invisibles qui s'appliquent au monde, de développer le bon formalisme et les bons symboles pour les exprimer, pour accroitre le savoir et la connaissance des peuples de tous les continents. L'harmonie, le pouvoir renfermé par le nombre, la Beauté. Et la démarche poétique de la mathématique, celle qui nous enseigne le monde invisible qui s'inspire du monde sensible. Les lois secrètes, le Beau, l'universalisme, l'humanisme, le monde invisible... On croirait entendre, peu s'en faut, les principes du mystère maçonnique.

Bien des fois j'ai dû argumenter, face aux loges qui me proposaient de parler du nombre d'or, que ce fameux nombre était surfait, surinterprété, et que la vraie beauté mathématique était infiniment plus profonde, complexe et riche, présente dans l'agencement des concepts encore plus que dans un nombre forcément très réducteur.

À cette richesse de concepts répondait toujours la richesse des questions, sur tous les thèmes. Que la réunion soit petite ou grande, les questions étaient toujours nombreuses. Marottes et simples curiosités, questions vagues et précises. Sur Pi, sur le 0, sur la France et la langue française en sciences, sur les équations du climat, sur l'apprentissage automatique, sur le monde comme il va, sur tout. Et sur la question des questions, le sens du monde. Questions libres, sous l'égide de l'échange et de la curiosité, garants indispensables au progrès et à l'équilibre du monde. La curiosité en soi est aussi une valeur cardinale de la mathématique, et j'ai senti plus d'atomes crochus dans une réunion d'amateurs débordant de curiosité, que dans des séminaires ennuyeux entre spécialistes quand la sauce oratoire ne prend pas.

Peut-on aller encore plus loin dans les valeurs communes qui lient mathématiciens et maçons ? Certainement.

La conviction que le futur se comprend à l'aune du passé, le respect des contributions anciennes : la mathématique n'est-elle pas la seule science exacte où les écrits gardent leur valeur pendant des siècles, et même des millénaires ?

Les rituels : partie intégrante de l'identité maçonnique, mais également chers aux mathématiciens, souvent dans l'intimité créatrice, chers à tous ceux qui vivent la quête de l'inconnu, avant tout une quête intérieure. J'ai brossé sur plusieurs pages certains de ces rituels créatifs qui m'ont soutenu dans les voyages intérieurs en quête de théorèmes et de médailles.

L'amour pour les beaux livres : certains des plus imposants, des plus beaux livres de ma bibliothèque sont ceux qui m'ont été offerts lors de visites en Maçonnie. Mais aussi les superbes éditions, amoureusement éditées, de Pythagore ou Archimède…

L'ésotérisme : valeur clé des maçons ; mais tout le monde le sait ; il y a en mathématique un langage ésotérique à apprivoiser, mystérieux au profane, dont on peut apprécier la poésie même sans le comprendre.

Le respect de la diversité dans l'unité : la répartition des mathématiciens, pourtant universalistes, en écoles de pensée, avec leurs éclairages divers ; et la répartition des maçons, tout autant universalistes, en communautés, en loges.

Le respect pour un échange ritualisé : le séminaire scientifique n'est-il pas la colonne vertébrale de tout laboratoire de mathématique ? Lieux et moments d'invitation permanente, devant la communauté réunie, d'un élément extérieur qui vient le perturber et l'ensemencer.

Et la communauté internationale ainsi créée, les grands édifices des idées qui sont jointes comme des briques d'histoire. Le conseiller du XIVe arrondissement parisien que je suis n'a pas besoin de chercher loin les souvenirs des maçons qui sont entrés dans l'histoire : Il suffit de se promener dans les rues. Rue Lalande, Boulevard Arago, Boulevard Raspail, rue Victor Schœlcher, Boulevard Edgar Quinet... Scientifiques, réformateurs, tous ces maçons ont laissé leur marque dans l'histoire de France, avec les passions qui les animaient - lutte contre les inégalités, pour la liberté, pour la tolérance - et qui se retrouvent dans les positions du Grand Orient de France.

Si la mathématique aime se tourner vers son passé, elle est aussi éprise de l'avenir, c'est d'ailleurs la seule science dont on peut être sûr que les règles fondamentales ne changeront pas. Et quelle sera la place de la maçonnerie dans le futur ?

Une lecture d'une récente édition *d'Humanisme* peut nous apporter des réponses. On y trouve une analyse critique des grands événements du moment - la construction européenne, la crise du COVID - à la lumière du passé. On y parle fraternité, on y fait revivre une figure majeure du combat féministe et humaniste, Martha Desrumeaux. On y parle d'écologie en remontant à ses racines des lumières et du romantisme.

Et en même temps, on constate qu'il n'y a pas une femme à la plume dans cette revue. Si le Grand Orient de France a, heureusement, ouvert ses portes aux femmes, il lui reste encore tant à faire dans cette direction pour changer image et représentation. Mais la société elle-même a encore tant de progrès à faire !

En 2021, peut-on encore garder la confidentialité, le luxe de cérémonies sophistiquées qui prennent le temps ? On pourrait argumenter que, précisément, dans un monde qui va trop vite et oublie toutes les formalités, il est bon que des poches de résistance se chargent de maintenir le goût de l'approfondissement.

Et une chose est sûre : une communauté d'utopistes, d'ingénieurs, de réformateurs universalistes, rompue au débat ouvert et à la confrontation des idées, on en a besoin aujourd'hui. Pour faire avancer les grands projets politiques transnationaux, pour aider à réformer l'humanité. Mais aussi pour comprendre l'adaptation de l'humanité à ses propres créatures, les technologies de communication, les biotechnologies, l'automatisme... À l'heure où la révolution technologique s'accélère, où le dérèglement climatique, l'effondrement de la biodiversité, l'épuisement des ressources naturelles, l'asphyxie du monde sous les déchets s'imposent comme les quatre cavaliers de l'Apocalypse moderne, il faudra une énorme dose d'humanisme, de connaissance et de confiance dans l'humanité.

Si le Grand Orient est très à l'aise sur les questions démocratiques - laïcité, vivre ensemble, légitimité démocratique -, on le sent moins familier des questions techniques. Très à l'aise sur les humains, moins sur la nature, sur la physique et la chimie, sur le monde vivant et non-vivant. Un ré-ensemencement est peut-être nécessaire ! Sur le fond, il sera naturel : l'histoire regorge de grands scientifiques maçons, et les convergences que j'exposais plus haut plaident pour ce rapprochement. Mais cela ne sera pas forcément facile, dans un monde où la polémique a tout envahi, où le doute se confond volontiers avec le scepticisme, et où les préjugés ferment les cœurs.

Les grands débats d'aujourd'hui - le débat européen, le débat laïque, le débat écologiste, la place des femmes et des minorités, l'universalisme et le communautarisme, la place des pluralités de courants et de pensées, les cultures qui coexistent - , sur tout cela la franc-maçonnerie a à dire et à porter.

Et peut-être pourra-t-elle utiliser ses forces maçonniques au service du plus important de tous les principes de l'humanité : construire, de génération en génération... et sortir de la malédiction actuelle qui semble faire bégayer les tentatives de révolution de progrès en un perpétuel trébuchement. Maçons, si vous pouvez aider, ne fût-ce qu'un peu, le monde à retrouver un semblant d'équilibre, de foi en l'avenir, de but et de sens, on vous bénira.

Et vous pourrez vous revendiquer avec fierté du célèbre poème du Palais de Kipling, qui pourrait aussi être dédié à la science aussi bien qu'à la maçonnerie : « Après moi viendra un autre bâtisseur, dites-lui que j'ai su, moi aussi » («After me cometh a Builder. Tell him, I too have known.») ❑

Deux ou trois choses que je crois savoir (ou pas) de vous…

Roland Cayrol

Politologue français, ancien directeur de CSA, spécialisé dans les études d'opinion, Roland Cayrol commente régulièrement l'actualité dans plusieurs émissions politiques en radio et en télévision (C dans l'air sur France 5, on refait le monde sur RTL…).

Je ne connais pas assez la franc-maçonnerie pour en disserter savamment, et je ne vois pas à quel titre je pourrais m'autoriser à la critiquer. Si j'ai néanmoins accepté de rédiger un texte pour ce numéro d'*Humanisme*, il faut bien croire pourtant que c'est parce que la franc-maçonnerie m'intéresse, et parfois m'intrigue. C'est dans cette élucidation que je vais imprudemment m'aventurer ici.

Sur le fond, je ne vois guère comment je pourrais ne pas adhérer aux valeurs et aux concepts fondateurs francs-maçons, à ceux du Grand Orient en l'occurrence. Vouloir travailler à une humanité meilleure en faisant vivre les droits humains. Se référer à l'idéal des Lumières. Prôner la laïcité, la tolérance, la totale liberté de conscience. Souhaiter améliorer à la fois l'Homme et la société. Affirmer une volonté de perfectionnement de l'homme (au sens ancien, comme disait mon prof à Sciences-Po Jean-Jacques Chevallier, où « l'homme est un terme générique qui embrasse la femme »). Défendre la République, approfondir sans cesse le débat. Voilà un *corpus*, qui me paraît refléter ce que je comprends des textes du Grand Orient de France, que je partage chaleureusement.

On m'objectera que ce sont là des «valeurs molles», que chacun adopte, et qui ne permettent pas d'affronter le monde d'aujourd'hui. J'y reviendrai, mais je voudrais dire mon désaccord avec cette objection : qu'on observe, dans la vie intellectuelle et politique, en France et dans le monde, les positions et les professions de foi des divers courants qui s'expriment et agissent, et l'on verra sans peine que ce socle de convictions, ces «grands principes», sont loin d'être, hélas, si largement partagés. Et qu'ils méritent d'être sans cesse rappelés, et défendus.

Autre point : j'ai eu l'occasion de participer à des «tenues blanches fermées». Et j'ai été frappé par la qualité inaccoutumée des débats. Bien sûr, j'ai été plutôt mal à l'aise quand il s'est agi de faire mon éloge. Mais, moi qui suis un habitué des conférences et des débats (et qui adore cela !), j'ai énormément apprécié le haut degré de préparation, sur les sujets traités, des participants à ces tenues blanches ; et aussi la circulation d'une parole, non redondante, d'un orateur à l'autre ; la tolérance dans l'écoute ; la recherche d'un mode de présentation des idées qui n'essaie pas de s'opposer aux autres, mais de le compléter en permanence.

Oui, les partis politiques, les *think tanks*, les syndicats, pourraient utilement s'inspirer de ces règles et de ces méthodes !

Et pourtant, même dans ces excellentes réunions, et aussi dans les cérémonies auxquelles j'ai pu être invité (je pense par exemple aux enterrements), je vois bien ce qui me hérisse, dans la pratique franc-maçonne : c'est le rituel. Moi qui suis allergique aux pratiques religieuses, je me sens immédiatement agacé par ce qui m'apparaît comme une parodie des rites religieux. On a essayé de m'expliquer. Je n'ai pas compris. J'ai lu, encore récemment, un texte très intéressant et riche[1]. J'avoue n'avoir toujours pas compris la nécessité de cet univers de symboles et de vocabulaire ritualisés. Franchement, j'hésite parfois entre le sourire ironique et la répulsion agacée. Je voudrais bien me convaincre que tout cela est au fond secondaire. Seulement, voilà, tous les francs-maçons expliquent au contraire que ce symbolisme, ces rituels, sont fondamentaux ! Lorsque, dans le texte précité, Joël Ruiz écrit : « *Les cérémonies maçonniques sont une mise en scène rituelle dont nous sommes les acteurs et qui nous montre que, quel que soit notre niveau scolaire, nous sommes tous de modestes apprenants devant le symbole* », je persiste à ne pas comprendre, à ne pas être convaincu, je continue à me sentir contrarié ! Dans *La flûte enchantée*, c'est la musique qui me plaît !

Influence souterraine ?

Sur d'autres points, j'ai des interrogations.

Par exemple, sur l'influence politique de la franc-maçonnerie. Bon, je sais l'influence primordiale des «Jules» dans la fondation de la III° République. Et leur rôle dans l'élaboration des lois laïques.

Mais *quid* de la période actuelle ? On a tellement décrit, en tous sens, en la matière, depuis une franc-maçonnerie aux commandes de toute la politique française (ou de certains partis ou tendances) à une totale perte d'influence, qu'on

[1] «*Pour un art de travailler en humanité*», par Joël Ruiz, dans Dialogues maçonniques GODF-GLDF, Actes de la conférence publique du 12 Octobre 2019.

ne sait quel type d'interprétation privilégier. A vrai dire, si les francs-maçons exercent un rôle, par leurs travaux et leurs textes, je n'y vois certes rien à redire. Il s'agit de débat public, c'est de saine pratique démocratique. Le problème ne peut se poser qu'en cas d'influence cachée, à partir d'une fraternité personnelle entre hommes politiques. Et j'avoue une forte réticence envers des actions de concert, cachées aux yeux des citoyens.

Je me souviens, c'était en 1963, j'étais jeune secrétaire du Club Jean Moulin et je préparais, avec de nombreux clubs politiques, des «Assises de la Démocratie». Le président du Club des Jacobins, Charles Hernu, avait voulu me rencontrer. Il était mécontent que son club, mitterrandiste, n'ait pas été associé à la préparation de ces assises, dont il estimait qu'elles étaient trop marquées par la gauche chrétienne. Et il m'a menacé : « *vous allez arrêter, sans quoi, moi, je fais donner les loges, et vous allez voir éclore des dizaines de clubs qui vous feront concurrence !* ». Je ne sais pas s'il a «fait donner les loges», mais en effet, de nombreux clubs se sont ensuite créés, tous à la même adresse que son Club des Jacobins…

Sur ce thème de la supposée influence politique souterraine (je connais par exemple des journalistes qui ont tenté d'expliquer toutes les luttes de tendances au sein du Parti Socialiste par cette action souterraine), je voudrais contribuer ici à éclairer un point d'Histoire politique de la IVe République. Je vais être piètre historien, car je n'ai qu'une source. Mais cela permettra peut-être à d'autres de venir renforcer, ou contester, cette anecdote historique.

Ma source s'appelle Jean Ferniot – un journaliste politique (et gastronomique) de qualité et réputé. L'anecdote est celle-ci. La scène se passe à l'Hôtel Matignon, en février 1955, la veille au soir du débat parlementaire d'investiture, comme Président du Conseil, d'Edgar Faure. Celui-ci est en train de composer son futur gouvernement ; il est entouré de quelques amis et collaborateurs et de… journalistes, ce qui à l'époque était fréquent ! Ferniot est là, d'autant plus qu'il veut défendre l'ambition ministérielle d'un de ses amis, parlementaire ; celui-ci est tour à tour choisi pour plusieurs portefeuilles successifs, avant de disparaître de la liste, au gré des derniers arbitrages et pondérations… La liste enfin achevée, Edgar Faure salue ses amis et va se coucher, avant d'affronter la dure journée parlementaire du lendemain. Ferniot le suit de peu. A peine est-il arrivé au rez-de-chaussée qu'il croise Georges Bérard-Quélin (l'éditeur du *BQ*, l'index quotidien indispensable aux journalistes, connu aussi comme membre important du Grand Orient), il lui indique que la liste est prête et s'en va. Peu de minutes plus tard, Ferniot est rejoint, rue de Varenne par un «BQ» essoufflé qui lui lance « *C'est une honte !*

Ça ne se passera pas comme ça ! C'est la première fois sous la République : il n'y en a pas un ! », et le laisse.

Le journaliste comprend tout de suite : il n'y a pas un «franc-mac» dans la liste des ministres ! Cela se passe avant les téléphones portables, il retourne à Matignon et appelle Edgar Faure. Le Président pressenti est en train de se mettre au lit. Apprenant la scène, il demande à Ferniot : « *Est-ce grave ?* ». Réponse : « *je n'en sais trop rien !* ». Le Président réfléchit un court moment, puis tranche « *Ecoutez, nous verrons bien. On a fait tellement d'arbitrages complexes que si on touche quoi que ce soit à la liste, on y sera encore demain après-midi. Ne bougeons rien, on verra* ».

Le lendemain, toujours selon ma source, les couloirs de l'Assemblée bruissaient de l'information, « *il n'y en a pas un !* », et chacun retenait sous souffle. Bref, débat, puis vote. Edgar Faure obtient l'investiture. Et Ferniot de conclure : « *ce jour-là, les députés ont compris que l'influence des francs-maçons ne permettait plus de faire tomber un gouvernement, ni même d'imposer la présence d'un seul ministre. C'en était pratiquement fini de la légende de leur puissance...* ».

J'ai trouvé amusant de narrer cette histoire. Si j'en crois le témoignage de Ferniot, 1955 serait une date significative, sinon dans la réalité de la perte d'influence politique souterraine franc-maçonne, au moins dans l'opinion que nombre de parlementaires et de journalistes en ont eue.

Qu'on me comprenne : je ne sais rien, sur cette légende de l'influence politique franc-maçonne, après la seconde guerre mondiale. Et si je comprends fort bien l'existence d'une influence dans le combat des idées et des opinions, je suis plus embarrassé par l'hypothèse d'une mise en œuvre subreptice ou secrète d'ententes cachées aux citoyens – à laquelle, en vérité, je ne parviens guère à croire vraiment...

Je ne m'attarderai pas sur cette autre part d'ombre, maintes fois dénoncée : celle de l'engagement des maçons envers leurs frères – où l'on est vite tenté de soupçonner des pratiques de favoritisme, voire de corruption.

Evidemment, je ne sais absolument rien de tout cela. Et il me semble que, notamment dans les années récentes, les obédiences maçonniques se sont volontiers prêtées aux demandes de la justice, lorsque des enquêtes étaient ouvertes.

Je sais – puisque que j'en ai eu des témoignages – qu'aide et assistance entre frères existent. Dépassent-elles celles de toute société humaine ? Sans doute pas.

Mais peut-être, et probablement – comme à propos de la politique – le mystère de l'initiation, du secret et de la fraternité contribue-t-il à diffuser une image outrancière, voire tout à fait fallacieuse, de la réalité ?

Mixité, République, démocratie

Il me reste quelques points de questionnement, ou de précisions.

D'abord celui de la mixité. La franc-maçonnerie, et notamment le Grand Orient, me paraissent (est-ce que je me trompe ?) souffrir d'une «masculinite» aigüe. Je pense que le combat des femmes pour l'égalité est l'un des plus importants de l'époque – et je milite depuis bien des années pour la parité. Compte tenu des principes affirmés pour le perfectionnement humain, cela me paraitrait franchement aller de soi. Alors, mes amis, entendez-vous compenser votre retard ? Y travaillez-vous ?

Ensuite, je remarque, autour de moi, cette question récurrente, autour de la «modernité» de l'humanisme. On prétend parfois que cela serait «vieillot». Là, je voudrais absolument m'inscrire en faux contre ce reproche. Au contraire, philosophiquement et pratiquement, je suis, plus que jamais, persuadé que l'humanisme est la meilleure réponse, le plus solide rempart, notamment face aux deux défis principaux de l'époque. Celui bien sûr de l'intégrisme religieux violent et terroriste. Celui aussi des risques engendrés par des évolutions technologiques mal maîtrisées et laissées à l'encan au champ des haines, des vindictes, des appels à la violence. Refusant de céder aux contempteurs (devenus nombreux) de l'Etat de droit républicain, et notamment de ses principes pénaux, au nom de «l'exception» ou de «la guerre» ; refusant aussi de laisser la seule loi du marché se substituer à une organisation pluraliste régulée des débats de nos sociétés ; c'est bien l'humain qu'il s'agit de remettre à la place centrale. C'est bien au nom des Lumières, de la Raison, de l'Humanité, que nous devons combattre ces obscurantismes menaçants.

Enfin, j'aimerais aborder une question plus «politique». Qu'est-ce, aujourd'hui, que la défense de la République ? Je relis le beau discours de Jean-Philippe Hubsch, alors Grand Maître du Grand Orient de France, prononcé lors du rassemblement de la Place de la République, à Paris, le 20 Septembre 2020 [NDLR : des associations et mouvements avaient alors appelé à un rassemblement populaire pour célébrer l'anniversaire de la proclamation de la Première République, et faire front «pour une lutte universaliste contre le racisme»]. Avec cette conclusion : « *La défense de l'universalisme et de la raison est l'urgence de l'heure. Quand on voit les mots de la République utilisés tous les jours contre les idéaux républicains pour en nier la dimension émancipatrice, il est clair qu'on se trouve devant une bataille culturelle. Ne reculons pas, la République est une idée moderne, n'ayons pas honte d'être républicains* ». Comment ne pas partager cette volonté ?

Mais je serais pour ma part tenté d'y ajouter deux éléments. Le premier serait de ne pas oublier de regarder en face notre modèle républicain. De nous demander pourquoi il n'est plus aussi prometteur pour tous les fils et toutes les filles de notre République. De nous poser des questions sur ses signes graves de faillite, par rapport à ses promesses fondamentales. L'ascenseur social ne fonctionne pratiquement plus ; les services publics ont déserté territoires et quartiers ; l'école, à l'heure des conquêtes de l'enseignement de masse, n'assure plus assez l'émancipation et la promotion des moins défavorisés ; le racisme ronge la société ; les conditions de logement laissent profondément à désirer ; l'embauche et la sélection sont liées au prénom qu'on porte ou au quartier qu'on habite ; des élites politiques, économiques, médiatiques, s'auto-sélectionnent dans des Grandes Ecoles et entretiennent leur entre-soi pérenne... La liste complète serait longue : la France n'est pas aujourd'hui un «modèle» républicain d'égalité des chances, et donc non plus de liberté et de fraternité.

Dans le même discours, Jean-Philippe Hubsch nous dit : « *La République sait intégrer, elle sait être inclusive, elle est capable de féconder une pensée universaliste de la diversité capable de lutter contre les discriminations* ».

Elle l'a su. Le sait-elle encore ? Je ne le crois hélas pas. Et c'est là-dessus aussi qu'il nous faut travailler. Pour redonner à chacun de vraies raisons de croire à la République, à la France. Sans doute à l'Europe.

Dans ce discours, il nous est dit encore que « *la menace la plus grave pour le projet républicain, c'est le recul ou l'abandon des institutions publiques dans le cadre desquelles les citoyens peuvent se rencontrer en égaux, se sentir traités en égaux*». Je vois bien que mes préoccupations ne sont pas étrangères à un discours de Grand Maître. Mais - comment dire ? - j'aimerais que la réalité sociale telle que nous la vivons ne soit pas noyée dans un discours, dès lors plus abstrait, sur notre modèle républicain idéalisé.

Me revient la préface de Sartre à l'édition de 1961 des *Damnés de la terre*, de Fanon : « *de Paris, de Londres, d'Amsterdam nous lancions des mots "Parthénon ! Fraternité !" Et, quelque part en Afrique, en Asie, des lèvres s'ouvraient : "... thénon ! ... nité ! " C'était l'âge d'or. Il prit fin : les bouches s'ouvrirent seules ; les voix jaunes et noires parlaient encore de notre humanisme mais c'était pour nous reprocher notre inhumanité* ». Je ne dis pas que nous en sommes là, au sein de notre propre pays. Mais je crois qu'il nous faut y prendre garde.

Le dernier élément concerne la démocratie. On ne peut concevoir de République sans démocratie. Pas d'affirmation de la République sans perfectionnement permanent de la démocratie. Dans le beau discours précité de la Place de la République, pas de mention de la démocratie !

Je ne dis – certes – pas que mes amis francs-maçons oublient la démocratie. On les a vus dans tous les combats historiques pour la démocratie. Mais je crains que revienne cette période polémique, à mes yeux médiocre, opposant chez nous «républicains» et «démocrates». Je me souviens du fameux texte[2] – salué par beaucoup comme un grand texte – de l'ami Régis Debray, que je veux citer tant les caricatures qu'il esquisse me paraissent grossières :

« *Les meilleurs en République vont au prétoire et au forum ; les meilleurs en démocratie font des affaires (...). L'idée universelle régit la République. L'idée locale régit la démocratie (...). La raison étant sa référence suprême, l'Etat en république est unitaire et par nature centralisé (...). La démocratie qui s'épanouit dans le pluri-culturel est fédérale par vocation et décentralisée par scepticisme (...). En République, l'Etat surplombe la société. En démocratie, la société domine l'Etat (...). Il n'est pas étonnant que, dans le vocabulaire républicain, instituteur ou institutrice soit un terme noble, comme la fonction alors qu'il tend à faire honte en démocratie (...). Le journaliste, le publicitaire, le chanteur, l'acteur, l'homme d'affaires composent le gotha d'une démocratie. Le professeur, le tribun, l'écrivain, le savant, (...) l'officier, composent celui d'une République* ».

De grâce, ne réinventons-pas ces oppositions simplistes pour militants convaincus d'être dans le vrai (et de faire, de proches alliés, des ennemis).

Ne peut-on combattre ensemble pour la République et la démocratie ? ❑

[2] *Le Nouvel Observateur*, 30 Novembre 1989.

Axiologie de la franc-maçonnerie

Nathalie Heinich

Nathalie Heinich est sociologue, directrice de recherche au CNRS et s'est spécialisée dans l'art contemporain. Elle vient de publier un essai intitulé* « Oser l'universalisme. Contre le communautarisme »** ***aux éditions le bord de l'eau.

L'axiologie, c'est la science des valeurs : non pas une spéculation à visée normative sur ce que sont «en soi», ou sur ce que devraient être, les valeurs (une telle perspective relèverait de la métaphysique ou de la morale), mais bien plutôt, conformément à la perspective sociologique, une analyse descriptive de la façon dont les gens évaluent le monde qui les entoure : qu'il s'agisse de choses (un bijou, un vêtement), de personnes (leur chef de service, leur conjoint), d'actions (une parole, un comportement), d'états du monde (la démocratie, l'organisation sociale) ou d'institutions (l'Éducation nationale, la franc-maçonnerie)[1].

La franc-maçonnerie, donc : quelle «valeur» lui accorde-t-on (premier sens du mot valeur : une certaine grandeur ou importance) ? Dans quelle mesure est-elle considérée comme une «valeur», c'est-à-dire une chose digne d'intérêt, à laquelle on tient (deuxième sens : un bien) ? Et en fonction de quelles «valeurs» (troisième sens : principes de valorisation) cette «valeur» au premier sens lui est-elle attribuée, lui permettant de devenir une «valeur» au deuxième sens ?

C'est à ce troisième sens du mot «valeur» que nous allons nous intéresser ici, en nous demandant selon quels principes la franc-maçonnerie peut être valorisée, ou dévalorisée, par tout un chacun. Cette rapide enquête ne reposera pas toutefois sur une investigation en bonne et due forme, à base d'analyse de corpus, d'observations, d'entretiens ou de questionnaires : il s'agira simplement de proposer, de façon intuitive et sous forme d'hypothèses de travail, une première mise à plat de l'éventail des possibles en matière d'évaluation de la franc-maçonnerie. Et nous ne prendrons pas en compte les différences – même si elles peuvent être par ailleurs fort intéressantes – entre les différentes obédiences : il sera question de la franc-maçonnerie au sens global, d'un point de vue extérieur.

[1] Le modèle d'analyse utilisé dans cet article est emprunté à mon livre *Des valeurs. Une approche sociologique*, Paris, Gallimard, 2017.

Valeurs et registres de valeur

Une première catégorie de valeurs relève du registre (ou famille de valeurs) *civique* : c'est parce qu'elle manifeste le souci de l'avancement de l'humanité, du bien commun, de l'élévation des esprits, de la visée d'un monde plus juste, que la franc-maçonnerie peut attirer et garder des adeptes, recueillir des appréciations positives. Elle partage en cela une position axiologique qui peut être également celle d'un parti politique.

Une deuxième catégorie de principes de valorisation relève d'un registre assez différent : le registre *mystique*. La franc-maçonnerie en effet est vue aussi comme le lieu de partage d'aspirations vers la transcendance, d'efforts de mise en contact avec des réalités supérieures, extra-mondaines – efforts assortis de rituels spécifiques et très élaborés favorisant des états mentaux littéralement extra-ordinaires, inspirés, proches du sentiment du sacré. En cela la position axiologique de la franc-maçonnerie s'apparente à celle d'une religion, bien qu'elle n'en possède pas toutes les caractéristiques.

Une troisième catégorie relève d'un registre proche du registre mystique, mais qui ne lui est pas identique : le registre *herméneutique*, dont procèdent les valeurs de sens, de signification, de symbole, d'interprétabilité, etc. L'on sait en effet combien l'activité intellectuelle qui a cours dans les loges est tournée vers l'ésotérisme, vers le déchiffrement du sens caché des choses, vers l'élucidation des mystères, vers l'interprétation. Si le registre mystique valorise l'entretien d'un mystère émotionnellement éprouvé, le registre herméneutique valorise, lui, sa clarification proprement intellectuelle. En d'autres termes, le mystère est la valeur commune au registre mystique et au registre herméneutique, mais sous la forme du *sens* dans sa dimension sensorielle, pour le premier, et sous la forme du *sens* dans sa dimension intellectuelle, pour le second. Et peut-être la franc-maçonnerie est-elle le lieu par excellence où se nouent indissociablement ces deux rapports au mystère, dans une activité toujours renouvelée d'entretien par les rituels et d'exploration par les «planches». En cela sa position axiologique s'apparente – mais sous une forme ésotérique et non pas exotérique – à celle d'une faculté de théologie, intermédiaire donc entre l'université et la religion.

Une quatrième catégorie de valeurs ou principes axiologiques relève du registre *esthétique* : celui qui gouverne le souci des formes, de la beauté, de l'harmonie. L'on connaît en effet le soin porté dans la franc-maçonnerie au décor, aux tenues, à la perfection des expériences visuelles et sonores – et les rituels sont le moment par excellence de cette formalisation, de cette mise en scène du souci esthétique. En cela la franc-maçonnerie s'apparente à une tradition théâtrale.

Une cinquième catégorie enfin relève du registre *domestique* : celui qui regroupe la valorisation des liens familiaux, du respect des anciens, de la solidarité de groupe, de la fidélité aux proches. Et ce registre-là, on le sait, est également très présent dans les raisons pour lesquelles la franc-maçonnerie peut être valorisée : elle crée, en-dehors du cercle familial des individus, des obligations de respect des traditions et d'allégeance aux aînés, ainsi que des liens solidarité et d'entraide, qui ressemblent en tout point à ce qui organise la vie familiale. De ce point de vue, la franc-maçonnerie occupe ni plus ni moins la position axiologique d'une grande famille – ou plutôt d'une famille de familles.

Anti-valeurs

Mais le propre du registre domestique – comme d'ailleurs de toute valeur ou registre de valeurs, mais plus peut-être que d'autres – est de pouvoir commander aussi non pas une valorisation mais une dévalorisation. Car toute valeur (sauf les rares «valeurs fondamentales», toujours positives quels que soient les contextes) peut se renverser en «anti-valeur», autrement dit en argument dévalorisant, selon les contextes d'attribution de valeur, les objets évalués et les sujets évaluateurs.

«Copinage», «clientélisme», «réseautage» voire «mafia» : telles sont les anti-valeurs propres au registre domestique lorsqu'on stigmatise l'infraction à l'équité que constitue la préférence occulte accordée aux proches, aux alliés, au détriment des critères de besoin, de mérite ou d'ordre qui devraient gouverner l'allocation de ressources pour que celle-ci soit considérée comme juste. Or l'on sait combien la franc-maçonnerie est vulnérable à ce type de critiques, lorsqu'on accuse ses membres de n'en faire partie que pour les profits personnels qu'ils pourraient en tirer grâce à leurs relations parmi les «frères» (un terme qui dit bien, au passage, la prégnance du registre domestique dans ce monde). De ce point de vue – critique – la franc-maçonnerie peut se voir placée dans la position axiologique d'une mafia.

Et là apparaît un sixième et dernier registre de valeurs, lui aussi sollicité dans une perspective de dévalorisation : le registre éthique, lorsque le renversement du domestique-positif (la famille, le respect des traditions) en domestique-négatif (le réseautage, le copinage) amène des critiques d'ordre moral, à travers le sentiment que des injustices ou des malversations sont commises, que des individus sont amenés à souffrir en raison d'usages détournés des pouvoirs octroyés aux francs-maçons par leurs relations. Mais là, c'est dans l'activité exotérique de la franc-maçonnerie, au sein du monde social – et non plus dans le cadre de l'activité ésotérique – que se situe le retournement des valeurs domestiques en anti-valeurs, en discrédit porté sur l'institution. Dès lors la position axiologique de la franc-maçonnerie, aux yeux de ses détracteurs, est analogue à celle d'un groupe de malfaiteurs.

L'on peut remarquer pour finir que cette dévalorisation sur le plan éthique peut se généraliser à une dévalorisation sur le plan civique, lorsque les méfaits d'une activité exotérique favorisant exclusivement les membres de la confrérie sont placés sur le plan d'une atteinte à l'intérêt général, aux intérêts de la nation : l'on retrouve là les dénonciations, récurrentes dans l'histoire de la franc-maçonnerie, de ce qui s'apparenterait à une «société secrète», voire un «complot» unissant les «ennemis de l'intérieur». On voit là comment peuvent se nouer dans un processus de disqualification les registres civique, éthique, domestique et même herméneutique, lorsqu'on traque le «sens caché» de telle ou telle déclaration, «l'appartenance secrète» d'untel ou untel. La position axiologique de la franc-maçonnerie devient alors celle d'une société secrète aux visées malfaisantes.

Une configuration axiologique particulière

Registres civique, mystique, herméneutique, esthétique, domestique, éthique, permettant soit de valoriser soit de dévaloriser : la configuration axiologique de la franc-maçonnerie s'avère ainsi bien particulière, tant par le contraste entre son extrême valorisation (par ses adeptes) et son extrême dévalorisation (par ses détracteurs), que par la multiplicité et l'hétérogénéité des types de valeurs susceptibles d'être mobilisées à son égard.

Certes, cette configuration est assez proche de celle des religions, mais celles-ci ne possèdent pas la dimension ésotérique qui est constitutive de la franc-maçonnerie, construite sur le secret de l'appartenance là où la religion, au contraire, appelle (sauf en cas de persécutions) l'ostentation de l'appartenance, le prosélytisme, la quête de conversions.

C'est donc ainsi que l'approche axiologique permet de mieux cerner l'originalité de la franc-maçonnerie, à travers les différentes façons dont elle autorise valorisations et dévalorisations.

Reste pour finir la question : « le combat maçonnique est-il actuel ou n'est-il qu'une vieillerie, respectable mais dépassée ? ». Or, là encore, le passage par l'analyse axiologique permet peut-être de suggérer une réponse. Car si la franc-maçonnerie occupe la position d'une religion, si l'on peut dire, non religieuse, peut-être cela lui permet-il d'espérer une actualité, voire un avenir, dans une époque où la religion est à la fois l'objet d'une prise de distance (c'est le fameux «désenchantement» dont parlait déjà Max Weber, mieux traduit d'ailleurs par «démagification») et d'une certaine nostalgie de par le vide que, probablement, laisse son délaissement ?

Voilà donc, peut-être, l'avenir offert à la franc-maçonnerie : être l'institution d'une religion non religieuse, et non institutionnelle ? ❑

Une fresque humaniste : les Rougon-Macquart La Conquête de Plassans (4/20)

Damien Cesselin

Humanisme *poursuit la série amoureuse en vingt épisodes mettant en lumière le dessein humaniste et humanitaire de la somme des* Rougon-Macquart.

Une fois *La Fortune des Rougon* refermée[1], on avait cru que le parti bonapartiste avait achevé la conquête de Plassans. Or, même si toutes les forces réactionnaires s'y étaient accordées sur le dos de la République pour entériner le coup d'État, les monarchistes rassemblés n'ont pas abandonné la place et sont même parvenus à faire élire au Corps législatif, en 1857, « un vieux gentilhomme d'une intelligence médiocre », avec le soutien tacite des républicains, qui cherchaient par-dessus tout à faire battre le candidat officiel des Tuileries.

Le couple Pierre et Félicité Rougon, en fortune, doit donc poursuivre ses intrigues afin d'achever le travail. Il y parviendra en encourageant et en exploitant les manigances d'un prêtre d'apparence rustre et inoffensive mais qui s'avérera machiavélique, l'abbé Faujas. En 1863, le maire bonapartiste de Plassans, non étiqueté candidat officiel afin de ratisser plus large, est élu par une « armée légèrement effrayante », même pour ceux qui ont organisé sa levée : « les campagnes, la colonie bonapartiste, les bourgeois cléricaux de la ville neuve, les petits détaillants poltrons du vieux quartier, même quelques royalistes naïfs du quartier Saint-Marc ». Voici lancée la mode des députés-maires – qui perdurera jusqu'en 2017 –, fondés de pouvoir d'une clientèle de circonscription plutôt que législateurs nationaux avisés.

Les honnêtes gens

« Quels gredins que les honnêtes gens ! » s'écriait l'artiste Claude, désespéré, à la fin du *Ventre de Paris*[2]. La province compte également ses honnêtes gens. « La province satisfaite et jouissant après le coup d'État. Une ville légitimiste conquise par un prêtre bonapartiste. Action sur le clergé, sur la belle société,

[1] Voir l'article sur *La Fortune des Rougon* dans *Humanisme* n° 330.
[2] Voir l'article sur *Le Ventre de Paris* dans *Humanisme* n° 332.

sur les femmes, sur la jeunesse (le peuple n'existe pas). Étude de la folie et de la logique. Étude d'une femme devenant dévote. » Tel est l'argument général de *La Conquête de Plassans*, ouvrage marqué par le télescopage chronologique entre deux périodes de réaction politique en France.

En 1873, année de sa rédaction, le régime de l'Ordre moral, fort d'une majorité parlementaire écrasante issue des élections législatives de 1871 organisées sous la botte prussienne, prépare une troisième Restauration, avec la complicité de l'Église catholique, à l'opposé des aspirations de la glorieuse et éphémère Commune de Paris. La France n'avait pas encore touché le fond avec Adolphe Thiers : le maréchal de Mac Mahon lui succède à la tête d'une République dont il veut la perte, et qui n'en porte guère plus que le nom. L'Assemblée nationale vote l'érection indécente de ce qui sera la monstrueuse basilique du Sacré-Cœur ; les fonctionnaires républicains sont destitués ; les fiers bustes de Marianne sont remisés dans les débarras des mairies.

En tant que chroniqueur parlementaire pour divers journaux parisiens et marseillais, notamment *La Cloche*, Émile Zola vit ce télescopage aux premières loges en suivant ces événements qui rappellent la réaction louis-napoléonienne des années 1858 à 1864, durant lesquelles se déroule *La Conquête de Plassans*.

S'agissant de l'architecture de ce quatrième roman, on constate une rupture. Les trois précédents comptaient seulement cinq ou six chapitres-fleuves, plus un chapitre conclusif sonnant le triomphe des « honnêtes gens », plus irrésistible encore en regard du malheur de leurs victimes : l'exécution de Silvère ; la mort de Renée ; l'arrestation de Florent. *La Conquête de Plassans*, quant à elle, est découpée en vingt-trois chapitres, qui forment autant d'unités d'espace et de temps. Tous les suivants suivront le même schéma, parfois même avec plusieurs subdivisions au sein de livres ou de parties. Faut-il y voir l'influence de Georges Charpentier, son nouvel éditeur et communicant, qui a pu juger cette présentation plus digeste, plus commerciale ?

Plassans, cul-de-sac

Dans son « Roman initial », Zola décrivait Plassans, dont la topologie, rappelons-le, est calquée sur celle d'Aix-en-Provence : « Bâtie sur le plateau qui domine la Viorne, adossée au nord contre les collines des Garrigues, une des dernières ramifications des Alpes, la ville est comme située au fond d'un cul-de-sac. »

Les Lumières peinent à pénétrer dans ce cul-de-sac lugubre, « sous-préfecture d'environ 10 000 âmes » où perdure la pratique médiévale de la fermeture des portes de la cité « à onze heures en été, à dix heures en hiver ». C'est là « l'esprit de la ville, fait de poltronnerie, d'égoïsme, de routine, de la haine du dehors et du désir religieux d'une vie cloîtrée ».

Même le capitalisme industriel, ailleurs florissant, tarde à y éclore, ce qui ne favorise pas l'émergence d'une classe laborieuse éclairée. Les activités principales restent le commerce, afin de « se débarrasser des productions du pays » – huile, vins, amandes –, et l'exercice de la justice : Plassans, comme son modèle, est un centre judiciaire de premier plan, où pullulent juges, parquetiers, avocats et avocaillons. Du reste, tandis que le chef du clan bonapartiste est le sous-préfet, celui du clan monarcho-papiste est le président du tribunal.

La partition sociale et géographique entre les trois classes en tension au milieu du XIXe siècle reste marquée : les aristocrates « se cloîtrent hermétiquement » dans leur quartier, se sentant « comme en pays ennemi » depuis la chute de Charles X ; les bourgeois, rentiers et professions libérales, sont « libres penseurs, des libres penseurs tout de paroles, fort amis de l'autorité, se jetant dans les bras du premier sauveur venu, au moindre grondement du peuple » ; enfin ce peuple, justement, dans lequel se mêlent ouvriers, petits détaillants et quelques gros négociants, qui, quoique enrichis, continuent d'émarger dans la catégorie laborieuse indifférente au snobisme. M. de Condamin, conservateur des eaux et forêts, le notable le plus clairvoyant de *La Conquête*, appréhende ainsi les rapports de forces de classes dans sa cité : « Voyez-vous, à Plassans, le peuple n'existe pas, la noblesse est indécrottable ; il n'y a de tolérable que quelques parvenus, des gens charmants qui font beaucoup de frais pour les hommes en place. »

Souvenirs de jeunesse

Dans les quatre romans « aixois » des *Rougon-Macquart* – suivra immédiatement *La Faute de l'abbé Mouret* puis viendra, en guise d'épilogue littéraire et scientifique, *Le Docteur Pascal* –, Zola égrène des souvenirs de jeunesse mitigés. Fils unique choyé par sa mère et sa grand-mère, son enfance et son adolescence à Aix-en-Provence – de trois à dix-huit ans, entre 1843 et 1858 – furent heureuses. Ses tirades si sensuelles à propos de la campagne provençale procèdent de réminiscences par lesquelles il se plaît manifestement à se laisser envahir.

D'un autre côté, autant que la précision avec laquelle il décrit les parfums de la garrigue, la férocité de son analyse de la sociologie locale sent l'expérience vécue. Car c'est à Aix-en-Provence qu'il a fait l'apprentissage des injustices. Sans doute y a-t-il ressenti dès le plus jeune âge la xénophobie. Son père, Francesco dit François, tout officier – successivement parmi les troupes du vice-roi d'Italie Eugène de Beauharnais, dans l'armée autrichienne du royaume lombardo-vénitien et comme recrue de la légion étrangère française – puis ingénieur et entrepreneur de travaux publics qu'il fût, n'en était pas moins doublement étranger : natif non seulement d'ailleurs, mais d'un ailleurs transalpin, conservant, on peut l'imaginer, un accent italien. De plus, après la mort du père – quelques jours avant le septième anniversaire d'Émile –, la famille, escroquée par ses anciens partenaires d'affaires, s'enfonce progressivement dans la gêne.

L'importance donnée à la géographie sociale de Plassans fait écho à l'enchaînement des déménagements auquel elle est contrainte, pour des domiciles de plus en plus exigus, situés dans des quartiers de plus en plus populaires. Peut-être Zola se souvient-il de sa mère aux ambitions contrariées quand, dans *La Fortune*, il met en scène « cette noiraude de Félicité » en train de lorgner sur la maison du receveur, « ses Tuileries, à elle », depuis la fenêtre de son médiocre trois-pièces, à la limite du quartier populaire…

Au fait, si Aix-en-Provence a rebaptisé boulevard François-et-Émile-Zola l'ancien boulevard François-Zola, si l'on y trouve aussi un lycée au nom du romancier, le pèlerin zolien est surpris qu'aucune façade des immeubles où il vécut ne porte de plaque mémorielle. Cette ville élégante et distinguée aurait-elle toujours un peu honte de l'auteur scandaleux qui ne la raconte pas toujours à son avantage, quand bien même il a eu la délicatesse d'en déguiser le nom ?

Le peuple des soutanes

La Conquête de Plassans étant conçue à partir de constatations politiques, d'une part, et constituant essentiellement une étude de mœurs sur des choses vues, d'autre part, son dossier préparatoire est le plus maigre de tout le cycle des *Rougon-Macquart*. Il n'empêche que, comme Flaubert en félicite son disciple Zola dans une lettre du 3 juin 1874 : « Cela est fort, mon vieux, très fort, râblé & bien portant. »

Dans sa première liste en dix volumes, Zola projetait de commencer par « Un roman sur les prêtres (province) ». Il en rédigera finalement deux, avec *La*

Faute de l'abbé Mouret, qui suit *La Conquête* dans l'ordre de parution et qui en constitue aussi la suite logique, comme nous le verrons dans le prochain épisode de notre feuilleton.

La religion catholique fait alors peser une atmosphère étouffante sur la France, aussi bien dans la vie privée des familles que dans l'organisation politique, tyrannisant les âmes, les cerveaux et les corps. La littérature du XIXe siècle en porte le témoignage, à travers les portraits de prêtres de salon qui échangent des astuces de blanchisserie avec les dames les entourant d'un « triple cercle de jupes », de prêtres latinisants qui s'occupent en traduisant secrètement Horace, de prêtres bêtas qui racontent de jolies « petites histoires de sainteté » mais sont voués à végéter dans leur cure, de prêtres terrifiants qui menacent des châtiments de l'enfer, et de prêtres politiciens qui se servent de la puissance symbolique de la soutane et du droit exorbitant d'accorder l'absolution pour conquérir le pouvoir temporel.

Déjà, dans *La Fortune des Rougon*, Zola s'inquiétait de l'action souterraine du peuple des soutanes. « Les prêtres, très nombreux, donnent le ton à la politique de l'endroit ; ce sont des mines souterraines, des coups dans l'ombre, une technique savante et peureuse qui permet à peine de faire un pas en avant ou en arrière tous les dix ans. » « De loin en loin, on voit passer un abbé dont la démarche discrète met un silence de plus le long de maisons closes, et qui disparaît comme une ombre dans l'entrebâillement d'une porte. » Par « maisons closes », il faut entendre les hôtels particuliers des aristocrates oisifs du quartier Saint-Marc, survivant dans la nostalgie de l'Ancien Régime.

« L'histoire morale et mentale » d'un couple

Dans une lettre d'avril 1875 à Émile Zola, le philosophe et historien Hyppolite Taine juge « admirable dans *La Conquête de Plassans*, l'histoire morale et mentale de Marthe ». Il s'agit en vérité de l'histoire morale et mentale de deux pousses de l'arbre généalogique Rougon-Macquart, les époux Marthe et François Mouret, cousins par leur grand-mère commune, tante Dide. Marthe est l'un des cinq enfants de Pierre et Félicité Rougon, tandis que François, par sa mère, est issu de la branche bâtarde Macquart – c'est en outre le frère aîné de feu le jeune rebelle Silvère[3].

[3] Voir l'article sur *La Fortune des Rougon* déjà cité.

Ils se ressemblent physiquement, « d'une ressemblance étroite de frère et sœur », lut-on dans *La Fortune des Rougon*. Pour Marthe, les traits du visage de l'aïeule ont sauté une génération, ce que le docteur Pascal, dans sa typologie génétique détaillée du roman éponyme, appellera « l'hérédité en retour ». Néanmoins leurs caractères diffèrent : François est « un garçon paisible et méticuleux qui sembl[e] né pour passer sa vie derrière un comptoir épicier », quand Marthe a « l'effarement, le détraquement intérieur de sa grand-mère, dont elle [est] à distance l'étrange et exacte reproduction ».

Leur mariage, à la fois arrangé et d'amour, est une complète réussite domestique et matérielle. Ils grignotent paisiblement leurs petites rentes après avoir revendu leur affaire commerciale marseillaise florissante, entourés de leurs trois enfants : le joyeux Octave, dont les aventures parisiennes régaleront bientôt le lecteur de *Pot-bouille* et du *Bonheur des dames* ; le grave Serge, futur abbé Mouret ; la « pauvre innocente » Désirée. Le père, républicain modéré se revendiquant « voltairien », fréquente d'autres petits bourgeois au Cercle du commerce ; la mère s'occupe de la maison et des enfants sans aspirer à une vie sociale.

Tous deux ont été épargnés par la malédiction héréditaire, jusqu'à ce que cet équilibre familial soit rompu à cause de l'immixtion de la religion dans leur foyer, qui les poussera l'un et l'autre à la démence – folie mystique puis érotomanie dans Marthe, prostration puis folie meurtrière pour François. Leur doux amalgame se transforme petit à petit en une fusion explosive : « au fond de leur être, le levain de la bâtardise, la querelle des sangs mêlés et toujours révoltés, irritaient l'antagonisme de deux tempéraments différents ».

Zola athée ? Zola laïcard ?

Avant de déraper dans des pratiques religieuses de plus en plus mortifiantes qui la conduiront à la folie, Marthe ressent « quelque chose d'innomé » qui la rend « parfaitement heureuse », « comme une fenêtre immense ouverte sur une autre vie, une vie large, infinie, pleine d'une émotion qui l'empli[t] et lui suffi[t] ». Alors que Zola use souvent de l'ironie vis-à-vis de la religion et de son clergé, le ton qu'il emploie ici nous fait comprendre qu'il communie avec elle dans cette dévotion spirituelle, d'essence intime, mais dont abusera le prêtre et qui tournera au fanatisme et au masochisme.

En 1860, dans une lettre à son ami de jeunesse Baptistin Baille – le troisième « inséparable », avec Cézanne –, il lui avait confié croire « en un Dieu tout-puissant, bon et juste », dénonçant cependant les manipulations psychologiques exercées par ce que, dans *La Conquête*, il appelle « la prêtraille » : « Le Seigneur n'écoute que moi, je suis infaillible, et, lorsque je parle, c'est le ciel même qui parle. Vous avez beau être vertueux, croire en Dieu, croire à l'âme, si vous ne vous courbez pas sous ma loi, si vous n'accomplissez pas les pratiques que je vous impose, vous n'en irez pas moins en enfer. J'ai tout pouvoir sur vous, moi, le ministre du Tout-Puissant. Je puis m'occuper de politique, comme de religion, comprimer la pensée et la liberté la croix à la main. »

Dans son avant-propos à la première édition de *La Comédie humaine*, Balzac avait sermonné : « Le Christianisme a créé les peuples modernes, il les conservera. De là sans doute la nécessité du principe monarchique. [...] J'écris à la lueur de deux Vérités éternelles : la Religion, la Monarchie, deux nécessités que les événements contemporains proclament, et vers lesquelles tout écrivain de bon sens doit essayer de ramener notre pays. » Zola fait tenir le même raisonnement par le suppôt impérialiste Pierre Mouret, qui prêche « la nécessité des sentiments religieux dans un État sagement administré ». Balzac est un écrivain de la « lueur » ; Zola, quant à lui, poursuit l'œuvre des Lumières.

Alors Zola athée, certainement pas, mais Zola laïcard, bien sûr !

Catharsis du blasphème

Comme toujours, la manière dont il interroge la société du Second Empire est étonnamment toujours en phase avec plusieurs enjeux politiques et éthiques de notre temps.

En plein Ordre moral, il exerce son droit au blasphème à chaque page de *La Conquête*. Quand une dévote interprète une étoile filante comme « une âme du purgatoire qui entre au paradis », le libre penseur François y voit plutôt « saint Pierre qui allume sa pipe, là-haut ». Et, entre deux « bon Dieu », « pardieu » ou « parbleu », le chapelet lexical des superstitions chrétiennes est égrené avec goguenardise : « le bon Dieu payera cette dette », « cette épreuve que Dieu vous envoie », « mon Dieu ! Pourquoi vous êtes-vous retiré de moi ? », « en odeur de sainteté », « paradis », « paradis fermé », « diable », « que diable ! » « ces diables de curés », « diable d'homme », « le poil roussi d'un diable », « je défie bien le diable de venir nous tenter », « damnée, brûlée des feux du paradis », etc.

Tout autant outrancières que les *posts* de la jeune Mila sur les réseaux sociaux à propos de l'islam – même si le registre linguistique n'est pas tout à fait identique... –, ces répétitions cherchant à ridiculiser les bondieuseries procèdent d'un réflexe cathartique similaire contre le totalitarisme religieux. Zola n'aurait pas raté non plus les obscurantistes de 2021 qui ont troqué la soutane contre la djellaba, après quoi les nouveaux bien-pensants pseudo-progressistes l'auraient traité d'islamophobe et auraient exigé qu'on le « dépanthéonise » !

La cause des femmes

Par ailleurs, la condition féminine est sondée avec intelligence et compassion, plus encore qu'elle ne l'avait été dans *La Curée* à travers le personnage de Renée[4].

Après l'époque où se situe l'intrigue, les femmes resteront exclues du champ politique officiel pendant près d'un siècle. Durant la Troisième république, c'est précisément à cause de l'influence que les curés exercent sur elles – thème central de *La Conquête* – que la plupart des républicains, radicaux en tête, s'opposent à ce que le suffrage devienne vraiment universel. De plus, les femmes qui travaillent, très minoritaires, cantonnées à des tâches subalternes, sont sous-payées à l'atelier et moins encore aux champs. Enfin, puisque la société crucifie les femmes libres de mœurs, les hommes d'Église sont les seuls qu'elles peuvent fréquenter sans risque pour leur réputation, et certains gourous les instrumentalisent pour contrôler les familles et politicailler.

Les prédicateurs islamistes de tout poil, salafistes ou fréristes, veulent aujourd'hui soumettre les femmes à la même logique perverse les assignant à la minorité dans les espaces domestique, social et civique. Leur stratégie sectaire peut aller jusqu'à la justification de viols de routine, comme cela a été révélé dans une affaire judiciaire retentissante.

L'abbé Faujas reçoit pour conseil : « Retenez bien ceci, plaisez aux femmes, si vous voulez que Plassans soit à vous. » C'est un cercle vicieux : en privant les femmes de leurs droits civiques, professionnels et sexuels, on les assigne à une autre sphère de sociabilité, celle de la paroisse, ce qui les conduit à s'aliéner dans le confessionnal au lieu de s'accomplir dans l'isoloir ; puis on en tire prétexte pour leur refuser le droit de vote.

On comprend pourtant par petites touches qu'un personnage féminin a brisé ses chaînes : Félicité est restée le stratège du couple Rougon aîné, tout comme elle le fut dans *La Fortune*. Car c'est elle qui, afin de garantir la conquête de la ville, continue de relayer discrètement les consignes du « grand homme » – sans

[4] Voir l'article sur *La Curée* dans *Humanisme* n° 331.

doute son fils Eugène, future *Excellence*, laquelle cherche à réconcilier les deux sociétés conservatrices concurrentes, celle qui se met au garde-à-vous devant Paris et celle qui se prosterne devant Rome. Sa fourberie bat en brèche l'idée reçue gnangnan selon laquelle les femmes en politique seraient naturellement plus humaines et sensibles que leurs homologues masculins… Osons paraphraser Françoise Giroud : Émile Zola est un romancier féministe car, pour tenir un rôle politique important, il a désigné une femme dépourvue de scrupules.

Catharsis du blasphème, vigilance contre l'obscurantisme, le sectarisme et le cléricalisme, cause des femmes : continuons les combats de Zola ! ❑

Panique morale aux USA

Charles Conte

Qu'est-ce qu'une panique morale ? Le phénomène a été identifié et nommé ainsi par un sociologue, Stanley Cohen. Né en Afrique du Sud, il s'installe en Angleterre où il fonde le Centre pour l'étude des droits de l'homme à la London School of Economics. Dans les années soixante, de jeunes Anglais s'organisaient en groupes rivaux et parfois violents, les Mods et les Rockers. La couverture médiatique hallucinée, hors de proportion avec la réalité, de ce phénomène attire l'attention de Stanley Cohen. Il identifie alors un phénomène qu'il décrit en 1972 dans un ouvrage intitulé *Folk Devils and Moral Panics* (Diables folkloriques et panique morale). Le mot folklore est à prendre dans le sens de «pittoresque» et non en son sens historique de «sciences de peuple».

Voici comment il définit ce phénomène : « *De temps en temps, il arrive que les sociétés soient en proie à des épisodes de panique morale. Une condition, un incident, une personne ou un groupe de personnes sont brusquement définis comme une menace pour la société, ses valeurs et ses intérêts* ». Il poursuit : « *Ils sont décrits de façon stylisée et stéréotypée par les médias ; des rédacteurs en chef, des évêques, des politiciens et d'autres personnes bien pensantes montent au créneau pour défendre les valeurs morales ; des experts reconnus émettent un diagnostic et proposent des solutions ; les autorités développent de nouvelles mesures ou - plus fréquemment - se rabattent sur des mesures existantes* ».

Blancs : une culpabilité collective et héréditaire

Pouvons-nous qualifier de panique morale la vague «woke» qui s'est répandue aux USA ? Le mot *woke* est ici provisoirement utilisé pour situer un phénomène complexe. Tout commence il y a une trentaine d'année avec la division de la gauche progressiste américaine sur une des modalités de lutte contre les discriminations ethniques et le racisme. Dans un pays où le racisme pèse encore très lourd, certains tentent de le combattre en imposant un contrôle langagier dans les universités. D'autres militants refusent ce qu'ils appellent une «Political Correctness» doctrinaire. L'expression est rapidement reprise par les conservateurs pour discréditer une cause juste maladroitement défendue. Le racisme ne se combat efficacement qu'en supprimant ses causes économiques et sociales. On connaît la suite, trop souvent réduite à des termes tels que «woke» ou «cancel culture». La question raciale a largement submergé la question sociale. Gérard Noiriel et Stéphane Beaud ont finement analysé cette dérive, importée en France, dans *Race et sciences sociales* (Editions Agone).

Il existe bien aux Etats-Unis un « groupe de personnes brusquement définis comme une menace pour la société, ses valeurs et ses intérêts » selon Stanley Cohen. C'est celui des «Blancs». C'est un portrait du Blanc que dresse la mouvance militante woke qui s'investit dans le monde universitaire. La *whiteness* («blanchité» selon la laborieuse traduction française) est assez subtilement décrite comme une relation sociale, une perception de l'identité. Toute définition biologique est vertueusement récusée. Mais s'y ajoute l'affirmation péremptoire d'un «privilège blanc».

En 1988 et 1989, une universitaire, Peggy McIntosh, définit ainsi le fait que les personnes cataloguées comme blanches ne soient pas discriminés au titre de leur couleur dans l'emploi, le logement, la vie courante. Peggy McIntosh fait l'impasse sur les implacables discriminations sociales qui empoisonnent la société américaine et considère que des droits respectés constituent un privilège, c'est-à-dire un avantage immérité, une dérogation abusive due à un héritage esclavagiste. La notion de «privilège blanc» implique ainsi une culpabilité collective. Elle affecte tous les Blancs, censés être les bénéficiaires d'un crime contre l'humanité, et non pas seulement les esclavagistes qui ont opprimé et martyrisé des Noirs. Cette culpabilité est également héréditaire. Elle ne concerne pas que l'histoire. Elle pèse sur tous les Blancs vivants aujourd'hui. Que leurs ancêtres soient ou non impliqués contre l'esclavage, ou habitent encore l'Europe, ne change rien. Et elle est accessoirement élargie aux Blancs du monde entier.

La culpabilité blanche collective et héréditaire est également affirmée sur les réseaux sociaux. De façon moins sophistiquée. Le Blanc est identifié par son phénotype, sa bobine, son faciès. Les affirmations sur un racisme systémique censé imprégner la société se retrouvent dans des versions plus abruptes : « *Tous les Blancs sont racistes* », « *Seuls les Blancs sont racistes* », « *Les Blancs ne peuvent pas être victimes de racisme* »... Les Blancs sont, de fait, à leur tour, «racisés», c'est-à-dire essentialisés, réduits à une identité intrinsèquement liée à leur couleur. Racistes, forcément racistes. Racistes inconscients pour certains. Racistes hypocrites pour d'autres. Les subtilités sur la race comme relation sociale n'existent plus. Le biologique est dominant. Tout cela se fait sans réaction notable, discussion ou mise au point, de Peggy McIntosh et de ses collègues proches sur cette manière de juger les Blancs.

Le ralliement total ou partiel de nombreuses institutions et grandes entreprises américaines à ce discours est notable. L'acceptation, dans le pays qui défendait le mieux la liberté d'expression, des méthodes réactionnaires que sont la censure, les pressions pour l'autocensure et le discours obligé (avec un vocabulaire spécifique) sont également caractéristiques. Ce discours sur les Blancs renvoie à la description de Stanley Cohen : « *Ils sont décrits de façon stylisée et stéréotypée par les médias ; des rédacteurs en chef, des évêques, des politiciens et d'autres personnes bien pensantes montent au créneau pour défendre les valeurs morales ; des experts reconnus émettent un diagnostic et proposent des solutions ; les autorités développent de nouvelles mesures* ». Nous sommes devant une panique morale de grande ampleur.

De quoi « les Blancs » sont-ils le nom ?

Au-delà des faiblesses théoriques manifestes compensées par des actions politiques fondées sur l'intimidation, une question se pose. La blancheur immaculée - ou presque - de comités de rédaction, de collèges universitaires et de conseils d'administration reprenant ce discours interroge. Qu'est-ce qui amène le New York Times à user de la minuscule en écrivant sur les « blancs » et de la majuscule pour tous les autres groupes humains ? Qu'est-ce qui conduit l'université d'Evergreen à clouer au pilori un professeur refusant de se retirer lors d'une journée non blanche ? Ou la compagnie Disney à censurer ses propres œuvres ? Est-ce l'efficacité de l'accusation immédiate de racisme pour toute manifestation d'esprit critique, l'héritage chrétien faisant de l'homme un pêcheur, le goût de la confession publique dans un pays imprégné de puritanisme ? Ou bien encore la haine de soi si bien décrite par Théodore Lessing ? Sans doute un peu de tout cela dans des proportions variées suivant les milieux et les individus.

Pour ce qui est des militants, l'engrenage de la radicalité peut-il tout expliquer ? Ils sont d'ailleurs bien silencieux sur l'appropriation par les pouvoirs économiques et politiques de fragments de leur discours. Quand l'ambassade des Etats-Unis en France, Netflix, et maintenant la CIA, s'y mettent, la perplexité augmente. La notion de privilège blanc, et la culpabilité collective et héréditaire qui lui est logiquement liée, s'applique-t-elle vraiment à tous les Blancs ? Les personnes et les organisations blanches qui valident la notion dans leur communication officielle et sur les réseaux sociaux sont-elles exonérées, en particulier si cet aveu s'accompagne d'un effort financier ? On sait que quand Donald Trump et son entourage d'extrême droite prétendent défendre «les Américains», ils parlent en réalité des Blancs. Un code langagier manifeste, mais difficile à dénoncer. Faut-il y déceler aussi un sous-entendu lorsque les détenteurs du pouvoir parlent des «Blancs». De quels Blancs parlent-ils ? Un livre paru récemment peut nous aider à répondre.

Pauvre petit Blanc, tel est le titre méprisant donné à son dernier livre par Sylvie Laurent, historienne et américaniste française. Elle voit dans ce titre une «ironie épistémologique». Passons. Le livre lui-même est intéressant à double titre. Il traite avec franchise des questions ethniques. Et il contient de nombreuses références et faits, y compris sur les thèses que l'autrice combat. Son objectif est de traiter de la société américaine en privilégiant la lecture raciale à la lecture sociale. Etrangement, les groupes dominants tels que les fameux WASP (White Anglo-Saxons Protestants), sont peu mentionnés. Pas plus que les «pauvres Blancs» que beaucoup pensent être la base électorale de Trump. L'unique objet de son ressentiment est le «petit Blanc». Ce terme essentialisant désignant les classes ouvrières et moyennes en déclin. Et plus précisément ce qu'on appelle aux USA les *White ethnics*, les descendants d'Irlandais, d'Italiens, de Slaves, de Grecs...

Sylvie Laurent évoque ainsi le monde des *White ethnics* : « La vie domestique américaine, exaltée dans la culture populaire, associait respectabilité et bienséance, éthique du travail et valeurs familiales, le tout définissant en sous-main l'américanité authentique, celle du foyer blanc ». Elle rappelle honnêtement que ce groupe social a longtemps voté en faveur des progressistes démocrates, mais souligne qu'il a fourni une large partie de l'électorat de Donald Trump. Elle y voit le résultat du déclin économique et démographique de cette classe sociale. Elle estime, et c'est ce qui justifie son titre, que ce double déclin est largement surestimé par les intéressés, qui tentent de jouer à leur tour la carte de la victimisation. Elle reconnaît pourtant : « Il est indiscutable que le niveau de vie des classes moyennes blanches n'a connu qu'un long déclin depuis la fin des années 70 ». Dix-sept millions de Blancs vivent sous le seuil de pauvreté et des dizaines de millions sont précaires, travailleurs ou non. Avec une diminution de l'espérance de vie. Elle note que les Blancs constituaient en 1960, 85 % de la population, 60 % en 2017, et probablement moins de 50 % en 2040. Pourtant, considérant que la moyenne des Blancs vit globalement mieux que la moyenne des Noirs, elle estime leur « victimisation fantasmée, outrageante au regard des souffrances racistes subies par les non-Blancs ». «Les Blancs» sont-ils l'autre nom des classes moyennes et ouvrières en déclin ?

Surmonter l'incompréhension de classe aux Etats-Unis

Quelle est la réponse de la gauche progressiste américaine à cette situation ? La représentation médiatique, culturelle et politique des classes moyennes et ouvrières n'est pas meilleure aux Etats-Unis qu'en France. L'image d'Homer Simpson, dans la série animée créée par Matt Groening en 1989 ne vaut pas mieux que celle de Dupont-Lajoie, dans le film réalisé par Yves Boisset en 1974. Face à de réelles difficultés, ces représentations et ces tentatives de culpabilisation suscitent des réactions conservatrices brutales dont l'élection de Donald Trump est la manifestation la plus dramatique. Telle est l'analyse de Joan C. Williams dans son livre *La classe ouvrière blanche* (Editions Unes Idées). La perspective de cette professeure émérite de droit à l'Université de Californie, spécialiste du statut des femmes et de la classe ouvrière, est toute autre que celle de Sylvie Laurent. Elle est résumée dans le sous-titre de son livre : *Surmonter l'incompréhension de classe aux Etats-Unis.*

C'est un véritable plaidoyer, s'appuyant notamment sur les travaux de Pierre Bourdieu, pour comprendre l'ethos des classes moyennes et ouvrières, là aussi un peu confondues. En particulier leur valorisation du travail bien fait et de la famille unie, la fraternité quotidienne... Avec un point lucide sur les stéréotypes racistes existant toujours, tout comme dans les classes riches. Pour Joan C. Williams « Si la gauche refuse les revendications des ouvriers blancs sous prétexte qu'elles relèvent d'un privilège blanc, quel message envoie-t-elle ? Que les Blancs de la classe ouvrière n'ont pas droit au rêve américain ? Le bon message ne serait-il pas plutôt que tous les Américains y ont droit, quelle que soit leur couleur de peau ? ». Elle dénonce *« l'incompréhension de classe qui mène les Etats-Unis (et l'Europe) tout droit vers un nationalisme autoritaire »*.

Joan C. Williams affirme que l'enjeu est aujourd'hui de « construire une coalition interraciale pour la justice économique », la seule façon de sortir du choc entre le nationalisme blanc et la panique morale, l'un se nourrissant de l'autre. C'était le programme de Bernie Sanders qui répétait que la crise actuelle était moins une guerre culturelle qu'un épisode de la guerre sociale. Cette gauche humaniste n'a pas dit son dernier mot. Sachons la soutenir. ❑

Un aventureux compositeur, Gaspare Spontini (1774-1851)

Jean Kriff

« Ses maîtres ? Sa propre perspicacité devant les œuvres de Gluck, Mozart et plus de Beethoven et Salieri »
Hector Berlioz – Journal des débats

Gaspare Spontini naquit le 17 novembre 1774 à Maiolati, près de Jesi, ville dépendante des états pontificaux dont tous les établissements scolaires étaient religieux. Son père, petit fermier et savetier y inscrivit ses enfants. Plus tard, ses frère et sœur entrèrent dans les ordres. Gaspare devait connaître un destin différent.

Adolescence

Il fut envoyé chez un oncle qui tenta de l'éduquer mais leurs relations furent immédiatement houleuses. Gaspare s'enfuit chez un autre oncle qui comprit bien vite l'attirance de son neveu pour la musique ; il plaida auprès de son beau-frère pour qu'il soit envoyé à Naples dans l'une des quatre écoles consacrées aux études musicales. C'est dans l'une d'elles, la Pietà dei Turchini, que Gaspare fut accepté en 1791. Il y apprit les règles de l'harmonie, la pratique du piano, de la harpe, et fut autorisé à faire des improvisations sur le jeu d'orgues de l'école.

Le caractère de ces premières notes séduisit le compositeur Domenico Sigismondi (1770-1820) qui le poussa à s'échapper pour venir à Rome présenter une scénette, lui procurant même un faux passeport pour rejoindre les États-Pontificaux. L'essai fut une telle réussite que La Pietà consentit à le reprendre. Il suscita alors un vif intérêt chez les maîtres qui y professaient : Piccinni, Cimarosa et Paisiello.

A Naples, le théâtre était roi. Ses farces, musicales ou non, baignaient dans le climat de la *commedia dell'arte* aussi présente dans cette ville qu'à Venise, et à ses codes aussi précis que ceux de la musique, que Gaspare sut mémoriser précisément. Ses interprètes, plus tard, en bénéficieront. Persuadé que ses connaissances étaient suffisantes, il composa des *opere buffe* qui furent joués avec succès à Florence,

Rome, Venise et Naples même, devant des officiers français occupant la ville. A Venise, il fut très fortement incité à se rendre à Paris.

En France

Gaspare arriva à Marseille en 1801. Grâce à d'adroites leçons de musique, il sut pénétrer les «salons» chics où se croisaient des banquiers, des hommes d'affaires, tels que les frères Michel, fourriers de l'armée qui le munirent de lettres de recommandation pour paraître à Paris. En 1803, guidé par la «belle Madame Michel», il fut reçu à bras ouverts chez Jean-Baptiste Erard, célèbre facteur de pianos et de harpes. Celui-ci lui offrit un viatique en même temps qu'un enchantement lorsque parut sa fille, la trop jeune Céleste. Son attente dura plus de sept ans, avant qu'elle lui permit de l'épouser, le 3 août 1810.

A l'Académie Nationale de Musique (l'Opéra), il assista, ébloui, aux représentations des œuvres françaises de Gluck : *Armide*, *Iphigénie en Tauride* et *Alceste* puis, un jour il frappa à la porte de sa fortune, celle de la loge maçonnique *l'Âge d'or*. C'est ainsi qu'il fit la rencontre de Lacépède (1756-1825), brillant zoologiste mais surtout, ancien élève particulier de Gluck. Qui donc mieux que lui, pouvait l'instruire sur les travaux du maître admiré ? Lacépède consentit à l'héberger chez lui, à Epinay, afin de détailler ses magistrales compositions.

En 1804, Spontini présenta un *opéra buffa* au Théâtre Feydeau : *la Petite maison* qui fut un épouvantable et bruyant échec, compensé la même année par *Milton* au Théâtre Favart sur un livret d'Etienne de Jouy - peut-être inspiré par la franc-maçonnerie -, une tranche de vie du poète pamphlétaire anglais qui, devenu aveugle, avait su chanter la lumière et le soleil. (Pour mémoire, il existe une *Marseillaise maçonnique* signée Jouy).

A la représentation de *Milton*, l'impératrice Joséphine laissa passer son émotion - et davantage encore au retour de l'empereur -, lorsqu'elle entendit la cantate *Eccelsa gara*... (Sublime épreuve) composée par Spontini en hommage à la victoire d'Austerlitz ; sous le charme, elle invita le compositeur à être directeur général de sa musique.

Jouy montra alors à Spontini un livret refusé par Cherubini et Méhul, l'aventure tragique d'une vestale condamnée à être enterrée vive pour avoir trahi son serment de virginité. Notre compositeur vit dans ce un texte la possibilité d'un grand opéra. Le résultat fut le fruit d'un travail acharné de deux ans pendant lesquels, mesure après mesure, il confronta les œuvres de Gluck avec son écriture et y adjoignit celles de Piccinni, maître qui avait dirigé ses premiers pas à Naples.

Critiqué par les académiciens et le conservatoire, de caractère entier, souvent brutal et incisif, il savait pertinemment qu'il lui serait difficile d'affaiblir les oppositions. Mais la confiance que lui portait l'impératrice aplanirait probablement les prévisibles incidents, soit auprès du comte de Rémusat, surintendant des théâtres impériaux, soit face aux douze membres du comité de l'Académie Impériale, soit de la censure.

Tout ceci se vérifia lorsque *La Vestale* fut mise en répétition et que le 16 décembre 1807, malgré d'âpres accrochages avec l'orchestre, les chœurs et les solistes, l'œuvre, dédiée à Joséphine, fut créée à l'Opéra (l'Académie) devant une salle qui la para immédiatement du label de la réussite. La patte de Spontini s'imposerait désormais. Berlioz le confirma dans *le Journal des débats*. On y entendrait des récitatifs (ces phrases vocales fluides présentes chez Mozart, par exemple) dorénavant orchestrés, mesurés et chantés, non plus librement, mais avec la même rigueur vocale que les *Arie*. Auber dont nous avons parlé dans un numéro précédent *d'Humanisme* mais aussi Bellini, Donizetti, Rossini et même Verdi, durent s'y plier. Spontini apportait, en outre, l'idée du rapport étroit, d'une couleur sonore «homothétique» entre l'expression vocale des personnages et les sons de l'orchestre, ouvrant ainsi l'accès aux *leitmotivs*. A partir de cette soirée, Spontini, n'était plus en compétition avec d'autres compositeurs : il donnait véritablement un souffle nouveau à l'écriture lyrique. Sa *Vestale* s'envola vers une carrière de plusieurs centaines de représentations, en France et à l'étranger, pendant près de deux siècles.

Art et Politique

C'est alors que la politique s'introduisit au théâtre musical. En mai 1808, Napoléon s'était mis en tête de conquérir l'Espagne. Il lui fallait enflammer les foules salonnières et financières avec un ouvrage lyrique exaltant. Il chargea Fouché de trouver un librettiste. Il désigna Joseph-Alphonse Esménard (1769-1811), responsable d'une section de la préfecture de police. Celui-ci se plongea dans les œuvres d'un Alexis Piron mort depuis longtemps. Il y dégotta un *Fernand Cortez*, qui, pour «coloniser» le Mexique, dut détruire le cruel clergé olmèque (le remplaçant, soit-dit en passant, par un autre). C'était bien là l'image métaphorique de Napoléon face au pouvoir pontifical, s'apprêtant à faire de même avec le clergé espagnol. Effet du hasard ? Lorsque la pièce fut jouée le 28 novembre 1809, le pape était prisonnier de l'empereur depuis plus de quatre mois.

Ainsi naquit *Fernand Cortez ou la Conquête du Mexique,* grand opéra en deux actes dont Jouy écrivit le livret et qui subit trois transformations. Spontini écrivant très lentement, il lui fallut deux ans pour en terminer la musique. La pièce reçut un succès foudroyant, soit immédiat, mais de courte durée malgré une partition de grande qualité, une remarquable interprétation et une fulgurante mise-en-scène comportant incendies et charges réelles de cavalerie. Hélas, des nouvelles accablantes arrivaient d'Espagne. L'empereur exigea donc l'arrêt des représentations du fait que l'Espagnol Cortez ne pouvait décemment plus représenter l'empereur dont les armées subissaient de sanglants échecs et pratiquait les exactions immortalisées par Francisco de Goya.

Entre les années 1810 et 1812, Spontini fut nommé à l'Odéon, le théâtre « de l'Impératrice » devenu Théâtre Italien. Il augmenta la troupe avec les meilleurs chanteurs italiens, bannit les castrats au profit des voix de ténors ou de femmes et fit jouer *Don Giovanni*, les *Nozze de Figaro*, en italien (l'usage était alors d'interpréter les ouvrages traduits en français) et *Cosi fan Tutte* ; pour des raisons un peu obscures de comptabilité mal tenue, le comte de Rémusat, lui fit abandonner son poste en 1812, le maintenant directeur de l'orchestre.

Pendant les deux Restaurations successives, Spontini écrivit deux œuvres mineures à la gloire de Louis XVIII qui facilitèrent sa naturalisation française en 1817, et prépara une nouvelle œuvre d'envergure : *Olympie* qui fut joué le 20 décembre 1819 à l'Opéra installé provisoirement salle Louvois. Là encore, l'ouvrage, de grande qualité, fut brutalement arrêté après l'assassinat du duc de Berry, héritier présomptif du trône, à la sortie du spectacle, le 13 février 1820.

La légion d'honneur que Spontini reçut de Louis XVIII ne suffisait pas à lui faire oublier les projets de théâtre total dont il était habité. Or le roi de Prusse qui avait eu plusieurs fois l'occasion de voir ses ouvrages à Paris, lui offrit la Surintendance Générale de sa musique avec pour corollaire, la gestion artistique de son nouveau *Konzerthaus*. Un confortable contrat de dix ans renouvelable lui fut signé. Il y resta vingt ans.

Berlin

Spontini fut haï d'emblée par von Brühl, l'intendant général des théâtres et cette haine se maintint jusqu'à la fin du contrat. Deux priorités qualitatives s'affrontaient. Spontini souhaitait augmenter considérablement les effectifs chœurs et orchestre, afin de pouvoir apporter des innovations dans les créations à venir ; dans le même ordre d'idées, il aspirait à la création d'un ballet permanent et d'une structure d'apprentissage où serait approfondi le jeu des artistes. Quant à von Brühl, inspiré des *Discours de Fichte à la nation allemande,* il était partisan d'une «deutsche Nation» enracinée, avec pour but premier, le refoulement des musiciens italiens de la Prusse. Or dix ans plus tard, Spontini, qui ne parlait toujours pas allemand prit, *cum grano salis*, la décision de correspondre directement en latin avec le roi qui pressentait que Spontini ferait de Berlin une référence musicale capable de supplanter Vienne.

En 1822, il présenta *Nurmahal* (*Nurmahal ou la fête des Roses du Cachemire*), inspiré de Thomas Moore. Grâce à ses effectifs nouveaux, il put utiliser simultanément deux orchestres, comme il l'avait étudié avec le dernier tableau de *Don Giovanni*, faire interpréter sept soli de violoncelles par des interprètes différents et, climax du spectacle, scénographier l'apparition d'un éléphant sur la scène, ce qui fit gloser les «connaisseurs» mais ravit le roi et les spectateurs.

En 1829, Spontini se lança dans une œuvre d'une dimension exceptionnelle : *Agnès de Hohenstaufen*. L'action se déroulait au XIIe siècle et relatait différentes luttes des Guelfes, partisans du pape contre les Gibelins, partisans de l'empire, œuvre monumentale dont le premier acte, présenté seul, durait plus de deux heures. Il lui fallut pourtant réécrire la pièce donnant à chacun de ses trois actes, une taille plus normale, plus maniable au gré des lieux de représentations qui s'annoncèrent nombreuses, par la suite.

Frédéric-Guillaume III décéda. Son fils protégea les prérogatives de Spontini mais celui-ci, trop sûr de lui, se laissa aller, dans un journal de Leipzig (en Saxe) à critiquer certaines nouvelles directives. Cela fut considéré comme lèse-majesté. Il fut condamné, après procès, à neuf mois de prison. L'opposition s'en fit peu de temps des gorges chaudes car, non seulement le roi lui fit grâce pour services antérieurs rendus à la couronne mais il lui consentit de surcroît une pension importante, lui maintint ses titres, et lui permit de rentrer en France avec le droit de revenir diriger ses œuvres.

La fin

De retour en France, Spontini s'aperçut qu'il n'avait plus le feu sacré ; sa santé était chancelante. Obsédé par la mort, il partit avec son épouse pour son village natal, aujourd'hui *Maiolati Spontini*, redistribuer une grande partie de l'immense fortune qu'il avait mise de côté. Il fit construire un établissement pour malades incurables, créa un Mont de Piété et deux écoles pour jeunes filles et puis un jour de janvier 1851, il attrapa froid et mourut le 24 du même mois. Wagner écrivit : « *Inclinons-nous profondément devant la tombe du créateur de la Vestale, de Cortez et d'Olympie, c'est une grande et noble période de l'Art qui est entrée dans la tombe* ». L'Association des artistes Musiciens du baron Taylor organisa une cérémonie à la Madeleine ; il y eut un discours à l'Académie des Beaux-Arts mais rien de véritablement officiel. En 1872, Garnier éleva le ton, exigeant que le buste de Spontini, académicien, soit présent sur la façade de l'Opéra de Paris.

Il y est encore. ❑

Filmer « Dune », réussir une gageure.

Jean-Louis Coy

La sortie de *Dune (première partie)* était très attendue parce que l'œuvre mythique de Frank Herbert, parue en 1965 est le roman de science-fiction le plus vendu dans le monde à ce jour mais il faut ajouter qu'il s'agit de la troisième adaptation à l'écran tentée par un brillant cinéaste québécois, Denis Villeneuve, apprécié pour la hardiesse de ses réalisations (*Incendies en* 2010, *Blade Runner 2049* en 2017, *Premier Contact* en 2016...), son esprit exigeant, ses connaissances sur le sujet, au total un défi d'artiste face à une entreprise jugée complexe si nous songeons aux deux précédents filmiques (Lynch en 1984 et Jodorowsky en 2013) et la série (Harrison en 2000).

En évitant les commentaires verbeux, tentons d'analyser la rencontre d'un livre avec un film, ce qui fait souvent l'objet d'un scénario.

Dune, la (vraie) genèse.

Frank Herbert, de formation scientifique, étudie, dans les années 60, un lieu situé en Oregon, dans le Nord-Ouest des Etats-Unis, un désert de 127 km^2 où il n'y a que du sable, du vent et pas d'eau. Avec ses collègues, il constate que ce territoire envahit peu à peu tout ce qui l'entoure, comme si notre belle dune du Pyla devenait soudain vorace. « Oregon Dunes », classée au fil des années zone touristique, intéresse Frank Herbert et son équipe. Il faut chercher un moyen de stabiliser le phénomène avec la plantation de végétaux économes en eau. Indépendamment du résultat obtenu, l'histoire vraie inspire à Herbert un récit qui deviendra le best-seller de la S.F. L'imagination au service de la préscience.

Dune, l'écriture.

En 10191, au centre d'une galaxie de planètes, l'intelligence artificielle et les robots ont été supprimés. La nouvelle civilisation, libérée et dirigée par un Empereur, affronte les mêmes difficultés climatiques, sociétales, alimentaires, politiques et métaphysiques que l'on connait aujourd'hui.

Au cœur du récit, la planète Arakis, surnommée *Dune*, se présente comme une immense étendue de sable d'où l'on extrait l'Épice, une substance du genre stupéfiant apte à améliorer les connaissances, les défenses immunitaires et la longévité humaines. La tribu des Arkonnen exploite jusqu'alors cette ressource, au détriment du peuple nomade, les Fremen, qui a trouvé refuge sur Arakis mais y subit une répression cruelle, malgré son génie inventif pour affronter le manque d'eau et le danger permanent que constituent des vers géants.

L'Empereur charge le clan des Atréides de récupérer à son profit le commerce de l'Épice. Trafics et tyrannie engendrent des conflits dont les conséquences peuvent aujourd'hui paraître d'une terrible actualité.

Les Fremen attendent le Sauveur. Ne serait-ce point Paul, l'héritier des Atréides, qui peu à peu prend conscience du rôle fondamental qu'il peut jouer pour sauvegarder le monde ? C'est tout l'enjeu de la seconde partie de l'histoire, avec un second film prévu en 2024.

***Dune*, le livre face à l'écran.**

Un pareil récit échappe aux mots, chacun réagissant selon son propre imaginaire. Les sujets évoqués par Frank Herbert éveillent, enseignent et annoncent les « abîmes » de notre conscience incarnés par des *vers monstrueux* (sic) dissimulés, comme l'épice, dans le sable.

Des cinéastes se sont frottés sans grande réussite à cette cosmogonie vertigineuse et mythique. C'est dire combien le pari de Denis Villeneuve est périlleux. Il nous faut répondre à deux questions préalables : qu'en est-il du rapport cinéma/littérature ? Peut-on adapter *Dune* à l'écran ?

Un film ne sera jamais un livre illustré, même si certains font ainsi une économie de la lecture ; d'autres précisent que le « film ne vaut pas le livre » même sans l'avoir lu.

Dans son article sur *Le journal d'un curé de campagne* (Robert Bresson, 1951), André Bazin a balayé ces fadaises en déclarant que le cinéma et la littérature s'accordent si l'on admet que la transformation d'une œuvre sert aussi à l'enrichir. *Dune* serait-il une saga inadaptable ? Les « dunesiens » le savent, le roman de Frank Herbert est autant protéiforme que gigantesque, sorte de manuscrit messianique qui interroge notre destinée. Grâce aux images du cinéma contemporain, l'œuvre entière nous avertit des dangers à venir qu'affrontent pourtant déjà nos civilisations.

***Dune*, le film.**

Denis Villeneuve réussit à la fois l'adaptation du livre éponyme, la mise en scène cinématographique et conserve la profondeur du sujet, la diversité de la fiction et le rythme du récit.

Cet univers irréel nous plonge dans une époque dont le moindre repère échappe à notre entendement humain. À travers la richesse plastique, la maîtrise et la rigueur des effets spéciaux propres à la S.F, le cinéaste ne perd jamais le sens de l'accord fondamental entre cinématographe et littérature, une complémentarité dans laquelle se conjuguent la tragédie, le romanesque, le fantastique et la beauté esthétique.

Mais la mise en exergue de la réalisation de Denis Villeneuve pourrait bien être surtout la construction, le découpage, la vivacité du scénario ; le cinéaste a traité *Dune* en effet comme une œuvre vénérée, privilégiant la réflexion née du roman et les implications multiples projetées sur l'écran.

***Dune*, la contemporanéité.**

Les thèmes centraux de ces deux œuvres s'apparentent à ceux de notre époque. Mais s'il est toujours facile d'assimiler le passé au présent, le concept de préscience tel que l'a évoqué Henri Bergson (*L'évolution créatrice*, 1907) décrit une sorte de réalité impénétrable dont le tracé ressemble à un parchemin en mouvement, un palimpseste où l'effroi, l'angoisse sont une poésie ou un conte philosophique. Les événements décrits dans *Dune* dépassent la fiction : sommes-nous conscients des périls actuels que notre civilisation ne cesse d'engendrer ? Sommes-nous condamnés à vivre avec ?

De nombreuses critiques positives concernant la réalisation du film (scénario, acteurs, technique etc...) ont accompagné la sortie du *Dune* de Denis Villeneuve. Nous limitons ici notre propos pour insister sur le fait que chacun d'entre nous, cinéphile ou non, dunésien ou pas, loin de tout apriorisme culturel ou moral, peut rêver ce film dans les registres du mal ou du bien, laisser aller son imagination et composer avec une réalité qui ne se départirait pas des cauchemars. ❑

Rachel Khan
Racée

L'Observatoire, 2021, 160 p., 16 €

Juriste, scénariste, actrice, danseuse, ancienne athlète, Rachel Khan écrit aussi des livres. Le dernier, *Racée*, constitue un précieux antidote pour contrer l'air du temps identitaire.

Séparer ou réparer. Il existe des mots qui séparent et d'autres qui réparent. Rachel Khan a choisi son camp. C'est ainsi qu'elle oppose l'idée d'être "racée", concept fait d'additions, à celle de "racisée", qui exalte le repli identitaire. Noire, gambienne, empreinte de culture musulmane et catholique par son père, blanche, juive et française par sa mère, elle refuse d'accompagner les tenants d'un « *essentialisme identitaire* » et voit en la polémiste Rokhaya Diallo « *une pyromane qui simplifie le monde et lave le cerveau d'une jeunesse racée* ». De la même manière, elle incrimine les indigénistes dont la « *méthode est simple : lutter contre les discriminations par la discrimination* » en répertoriant les « *catégories de Français d'un point de vue racial* », qualifiant « *cette mission d'inspiration ségrégationniste* ». Elle pourfend tout autant un autre mot qui sépare, l'intersectionnalité, dont le fonds de commerce repose sur « *la concurrence des douleurs* ».

Entre ceux qui séparent et les mots « *fourre-tout qui ne vont nulle part* », Rachel Khan fait œuvre utile en suggérant de se défier de normes langagières fabriquées par les entrepreneurs identitaires et qui ont colonisé le registre lexical des responsables politiques et des prescripteurs médiatiques. Il en est ainsi du mot "minorité", dont elle observe que les « *les communautaristes ont compris que cette notion est un levier* ». « *Affirmer son appartenance à une minorité a vocation à se couper du reste de la population et d'en jouir* », note-t-elle, relevant judicieusement que « *face à ces minorités dominatrices, on se tait. La mise à mal de la liberté d'expression est le signe que ces lobbies sont d'une puissance inouïe. Dans notre système démocratique déphasé, l'objectif n'est plus de gagner par la majorité mais bien de devenir des minoritaires en majorité* ».

Mots vides et bons sentiments

Prenant des exemples aux Etats-Unis sachant qu'ils préfigurent souvent ce qui advient en France peu après, Rachel Khan affirme que *« nos élus n'arrivent plus à nous préserver des tensions identitaires »*. Pire même, certains prospèrent sur cette vision de la société tandis que d'autres encore *« accros aux éléments de langage, n'arrivent plus ni à se faire entendre ni à contrer les pires idéologies »*. Dans une *« foire aux bons sentiments »*, ils garnissent leurs discours de "bienveillant" et d'"inclusif", de "mixité", de "diversité", de "faire société" et de "vivre-ensemble". *« A ces mots vides correspondent des actes inactifs »*, remarque encore l'auteur avec un sens efficace de la formule, et *« le vivre-ensemble reste le placebo générique d'une pensée qui ne panse rien. Aucun engagement, aucune responsabilité, l'important est d'avoir bonne conscience »*.

Autre mot chéri par le discours public, celui de "diversité" qui, *« tout en achetant la paix sociale, offre une base solide aux quotas »*. Rachel Khan contre-attaque : *« Nous avons effacé la race, mais nous avons gagné un mot qui ment en l'avouant dans le même temps »*. Décidément, la reconquête sémantique reste un chantier à entreprendre tant les zélateurs de l'identité ont en quelques années réussi à imposer leur approche toxique. *« L'injonction de nous réduire en mettant nos intimités au diapason d'une couleur de peau, d'un nom, d'une religion, d'un territoire pour rentrer dans la case "diversité" ou dans des réunions non mixtes est une ingérence autant qu'une colonisation de nos êtres »*, accuse encore l'auteur. Elle condamne aussi l'expression "minorités visibles", qui *« fait croire que l'existence n'est réduite qu'à la partie clinquante de l'iceberg »* et qui correspond finalement bien aux normes dominantes d'une société où le paraitre domine, louant la superficialité et bannissant l'intimité. Au-delà de ce qui pourrait sembler une simple controverse théorique, Rachel Khan pose avec clarté les enjeux du débat et les risques contenus dans ces dérives : *« Pour les identitaires, fidèles aux pires périodes de l'histoire, toute singularité qui s'exprime en tant que telle est une trahison à l'unité du groupe. Ce dernier doit être homogène »*. Pour ceux qui voudraient résister à cette logique, la lecture de *Racée* fournira, on l'a compris, de puissants arguments.

Philippe Foussier

Paul Baquiast, Bertrand Sabot
Emmanuel Arago (1812-1896) ou le roman de la République

Felin Biographies, 2021, 336 p., 25 €

Paul Baquiast qui publia en 1996 une étude sur l'œuvre d'Eugène et de Camille Pelletan a rédigé, ainsi que Bernard Sabot, un nouvel ouvrage consacré à une autre dynastie républicaine, celle des Arago, centré sur l'un d'eux, Emmanuel Arago (1812-1896). Une étude conduite d'un pas alerte, agrémentée d'une belle iconographie, qui ravira tous ceux qui s'intéressent à l'histoire politique et littéraire du XIXe siècle.

A l'origine de la famille, François Bonnaventure Arago, maire, sous la Révolution, d'Estagel (une bourgade proche de Perpignan) et son épouse Marie, mère de onze enfants. Le plus célèbre est François (1786-1853). Polytechnicien en 1803, Il s'aventure en Espagne pour prolonger la méridienne et fixer ainsi le système métrique, devient professeur à Polytechnique, est élu député du Roussillon en 1831 ; ministre et membre du gouvernement provisoire en 1848. Directeur de l'Observatoire, très populaire, il ne sera pas arrêté, de ce fait, lors du coup d'Etat du 2 décembre 1851.

Au sein de cette fratrie, figurent Jean et Joseph qui réussissent de belles carrières militaires au Mexique, Jacques, explorateur et écrivain, et Etienne, le benjamin, polytechnicien, affilié à la Charbonnerie et vraisemblablement alors maçon. Proche ami de Balzac, directeur en 1829 du théâtre du Vaudeville qu'il fournit en pièces rédigées à la va-vite, il est pendant les Trois Glorieuses la « cheville ouvrière du mouvement insurrectionnel » (Alexandre Dumas). Il prend la direction de l'Hôtel des postes où il instituera le timbre. Trois « aragonautes » (François, Etienne et Emmanuel) sont alors élus des Pyrénées Orientales ! En 1870, il est proclamé maire de Paris, mais après l'insurrection du 31 octobre, il doit céder son fauteuil à Jules Ferry et en 1879, il finit sa carrière comme directeur du musée du Luxembourg.

L'essentiel de l'ouvrage est consacré à Emmanuel, l'un des fils de François. Elevé au sein d'une « aristocratie intellectuelle », il participe aux Trois Glorieuses, écrit des poèmes romantiques et des vaudevilles enjoués. Le lecteur découvrira notamment la teneur de sa correspondance avec George Sand qui couvre les années 1835- 1876. Devenu avocat en 1836, il défend Armand Barbès et Martin Bernard lors du procès des Saisons et le 26 février 1848, il est nommé Commissaire du nouveau gouvernement républicain à Lyon où il doit calmer les ardeurs révolutionnaires et installer la République. Il est ensuite ambassadeur à Berlin, avant que n'y triomphe la contre-révolution.

Emmanuel, de retour en France, siège à La Montagne, doit se cacher après le coup d'Etat du 2 décembre. A nouveau avocat, il défend des républicains notamment lors du procès Baudin et est élu député à Paris en 1869. Membre du Gouvernement provisoire de la République, il aura en charge les ministères de la justice puis de l'intérieur et l'organisation des élections de 1870. Il refuse de voter l'annexion de l'Alsace-Lorraine et, élu des Pyrénées Orientales, ainsi que son oncle, il se situe dans l'opposition à Thiers. Elu sénateur en 1876, il préside la Gauche républicaine et occupe la fonction, de 1880 à 1894, d'ambassadeur à Berne.

Son collègue et ami Adolphe Crémieux, qui préside en 1869 le Suprême Conseil de France, pour renforcer et républicaniser son obédience, y fait initier dans la nouvelle Loge le Réveil Maçonnique à l'Orient de Boulogne, Jules Simon en 1869 et Emmanuel Arago, parrainé par son oncle, en 1870. Il gravit rapidement les échelons du rite après la guerre, est élu Lieutenant Grand Commandeur, mais refusera de remplacer Crémieux après sa mort. Un beau parcours au service de la République.

André Combes

Revue *Cités*
La langue sous contrôle ?

Presses Universitaires de France, n° 86, 2021/2, 212 pages, 18 €

La revue *Cités* a consacré son dernier numéro à un sujet brûlant d'actualité : l'emprise tyrannique et idéologique que certains « groupes d'oppression » (Philippe Muray) prétendent exercer sur la langue française au nom du mythe inclusiviste et d'une fausse science déconstructionniste, avatar d'une postmodernité d'origine états-unienne. Au cœur de cette entreprise de démolition se trouvent, comme le montre l'éditorial d'Yves Charles Zarka, l'identité de la nation et la spécificité de la culture française, cibles de prédilection des promoteurs « d'une vision identitaire, anti-universaliste et déterministe de la langue » (Isabelle Barbéris et Frank Neveu).

L'article de F. Neveu analyse les processus de « restriction mentale » et de contrainte à l'autocensure produits par l'anéantissement de la polysémie naturelle de la langue. Considérant que « le réel est dans le dit », ce dogmatisme linguistique, prétendument progressiste, produit le formatage et le contrôle des esprits.

I. Barbéris étudie pour sa part la notion de « cancel culture » en montrant qu'elle se situe aux antipodes du concept de « culture » tel que pensé par les Lumières, ce dernier exigeant la reconnaissance d'un espace symbolique commun. En effet, ce qu'il faudrait nommer plutôt « anticulture progressiste » ou « réductionnisme idéologique de la culture », en imposant une « lecture paranoïaque et nihiliste du monde » qui criminalise le passé occidental, instaure un mécanisme de « censure à l'envers » qui désarme toute divergence de point de vue, menace la liberté d'expression et prépare une société de tous contre tous.

En donnant l'exemple de la portée politique du « vocabulaire de la liberté » sous la Révolution française (l'idée que la propagation du français est essentielle au fonctionnement de la république et au bien public), Sonia Branca-Rosoff examine le lien entre langue et conscience collective, les mots pouvant se mettre au service de nouveaux imaginaires identitaires.

L'analyse savante des difficultés orthographiques de la langue française et de ses effets sur l'apprentissage de la lecture menée par Liliane Sprenger-Charolles, montre que l'écriture inclusive contribue à rendre l'orthographe du français encore plus opaque.

Le texte de Danièle Manesse échoue, lui, dans sa tentative de se positionner à mi-chemin entre les détracteurs radicaux et les militants ultras de l'écriture inclusive, la linguiste ne voyant pas que « la parité linguistique » et la féminisation forcée des noms ne sont que le premier degré de l'inclusivisme dont la tentation totalitaire, le séparatisme et l'irrationalité sont pourtant bien identifiés dans son article. Force est de constater que les grands écarts, loin d'apaiser les polémiques, contribuent bien souvent à affaiblir ou à neutraliser la défense de la rationalité épistémologique.

André Bellon montre quant à lui que l'imposition des langues régionales et minoritaires et de ses avatars (cours en anglais à l'université française, dogme du « tout anglais »...) est le cheval de Troie du communautarisme ainsi qu'un instrument politique européiste visant à détruire l'indivisibilité de la nation et la souveraineté populaire, fondements de la démocratie.

À travers les thèses de Jaime Semprun, Patrick Marcolini montre la manière dont la novlangue produit l'appauvrissement de la pensée et la suppression de la sensibilité et de l'imaginaire qui préparent l'avènement du « monde glacé de la technologie » et du tout économique, signe d'une « mutation anthropologique désastreuse ».

Marc Hersant revient sur la lecture identitaire, inquisitoriale et victimaire des textes du passé et que sous-tend la thèse du racisme structurel (dont le combat contre la laïcité est le fer de lance), thèse qui gangrène de plus en plus la production universitaire.

L'entretien de Jean-Claude Milner, sommet de ce numéro, est une défense et illustration de la langue française contre la haine de soi qui caractérise l'inclusivisme dont le consensus paradoxal, car préétabli et obtenu par division, empêche les citoyens de penser par eux-mêmes. Avec la lucidité et la hauteur de vue qui le caractérisent (pensons à son visionnaire *De l'école* de 1984), le philosophe et linguiste règle définitivement son compte au fétichisme, au linguistoscepticisme, au littéralisme et à la pensée magique de l'écriture inclusive dont la promotion cache un mépris de classe qui cherche à abolir savoir et apprentissages.

François Rastier fait état de l'institutionnalisation en cours de la « cancel culture » (ou censure par l'inculture) qui instaure une « étrange atmosphère de double pensée » où règnent le conformisme néo-puritain et l'ignorance devenue militante. La délégitimation et la diffamation des opposants sont les instruments indispensables pour écarter toute pensée hérétique.

Enfin, Yana Grinshpun et Jean Szlamowicz donnent plusieurs exemples récents de la surpolitisation et de la surveillance morale qui gagnent chaque jour le monde universitaire, conséquence d'une confusion entre savoir et militantisme (dérive si bien démontrée par Nathalie Heinich dans son « tract » publié chez Gallimard en mai dernier, *Ce que le militantisme fait à la recherche*). Ces procédés autoritaires de disqualification/punition (à travers de nouvelles formes de censure déguisée en évaluation d'expert) et de mise à l'écart scientifiques (dans le but d'ostraciser les collègues déviants) empêchent ce qui devrait être le propre de la science : la contradiction et le pluralisme. Ce détournement de l'autorité publique contribue ainsi à la destruction de l'université.

La publication de ce numéro dans une revue éditée par les Presses Universitaires de France est audacieuse. En effet, le fait que la contre-tribune publiée à la suite du « Manifeste des 100 » *(Le Monde*, 1er novembre 2020), ait été signée par plus de 2 000 universitaires en seulement quelques jours, a révélé l'abandon de la pensée et de l'esprit républicains par le monde académique et sa compatibilité explicite avec la pensée *woke.* Ce nouveau clivage se cristallise autour de la langue française, une langue que certains voudraient placer sous contrôle, et dévoile les deux positions antagonistes suivantes : la criminalisation ou la défense de l'universalisme. On doit bien admettre que le rapport de force n'est pas favorable à cette dernière et que les temps à venir seront sans doute ceux de la déshumanisation des représentations culturelles.

Giorgio Gelsi

Marie-Monique Robin
La Fabrique des Pandémies

La découverte, Collection Cahiers libres, 2021, 352 p., 20 €

Dans nos sociétés où l'on s'imagine déjà *le monde d'après*, où l'on voudrait rayer tous les souvenirs de cette crise sanitaire sans précédent, où nos dirigeants prévoient d'ores et déjà une reprise économique dans ce même modèle capitaliste qui semble pourtant bien avoir causé notre perte lors de cette pandémie, nombreux sont ceux qui veulent oublier l'année écoulée. Nul ne paraît tirer de leçons de la période brutale et sombre que nous venons de traverser. Pourtant, ce serait une terrible erreur que de vouloir simplement reprendre le cours de nos vies, sans en profiter pour réfléchir, ne serait-ce qu'un bref instant, sur l'existence que nous menons.

Plus qu'une réflexion, *la Fabrique des Pandémies* de Marie-Monique Robin nous offre un retour d'expérience, une véritable analyse scientifique et pragmatique des catastrophes sanitaires de l'Anthropocène. Cet écrit est la démonstration même de la conscience écologique qui s'éveille dans nos sociétés depuis maintenant plusieurs dizaines d'années. Mais c'est sans doute grâce à des ouvrages comme celui-là que la flamme écologiste de militants affligés, accablés et déçus par le peu d'intérêt que nos élites portent à la cause écologique, peut espérer renaître avec ardeur et vivacité, tandis que les scientifiques peinent à faire entendre leur voix alarmiste.

Après une préface très didactique de Serge Morand, chercheur au CNRS, écologue évolutionniste et parasitologue de terrain, l'auteure ouvre de nouveaux horizons à l'issue de cette crise que l'humanité gagnerait à voir comme une opportunité, une chance (la dernière ?) à saisir, le virage ultime à prendre avant l'effondrement annoncé de notre espèce. La seule manière d'engager une réconciliation de nos sociétés avec la planète réside dans la compréhension des causes des dérives productivistes et destructrices. Il revient notamment aux écrivains de retirer ce voile qui aveugle l'humanité ; de dénoncer la course effrénée et délirante au progrès qui jamais ne satisfera les ambitions dévorantes et l'insatiable faim d'innovations, aussi extravagantes soient-elles, de l'humanité.

Il incombe aux peuples de faire revivre la démocratie pour faire entendre résolument leurs voix : la crise de la Covid-19 témoigne qu'ils étaient prêts à sacrifier jusqu'à leurs libertés les plus chères pour protéger les autres.

Mais ce n'est qu'en connaissance de cause que nous pourrons agir, en adoptant une vision du monde en symbiose avec les écosystèmes millénaires, au-delà des multiples agressions que lui fait vivre l'Homme chaque jour.

La Fabrique des Pandémies invite à tirer d'utiles enseignements quant aux rapports de l'Humanité avec la Nature, trop souvent oubliée et qui reprend ses droits aujourd'hui. Sauf à ce que l'être humain modifie sa relation à la nature et au progrès, il n'échappera pas à une énième épidémie et connaîtra une ère de confinements chroniques. La Fabrique des Pandémies révèle ainsi, chiffres et données scientifiques à l'appui, la face cachée des causes des grandes pandémies et épidémies telles qu'Ebola, que le sida, que la Grippe A, que la dengue. L'enquête de Marie-Monique Robin éclaire les liens indéniables entre les excès des activités humaines et la dégradation des écosystèmes, en valorisant le travail extraordinaire de scientifiques de l'ombre, animés d'un véritable enthousiasme philanthropique, et qui se battent pour faire valoir l'intérêt humain avant celui de l'économie.

Grâce au travail de recherche titanesque de l'auteure, l'optimisme renaît : des solutions existent ; nous pourrons nous adapter ; une simple question d'engagement, de volonté et de solidarité.

A lire sans modération.

Jean-Pierre Weisselberg

André Bellon, Jean-Pierre Crépin

Pour la souveraineté du peuple, nous sommes tous des constituants

L'Harmattan, 126 p., 12 €

André Bellon et son compère, Jean-Pierre Crépin, aiment le libre échange. Sans trait d'union, bien sûr. Le libre échange qu'ils pratiquent, c'est celui des idées. Le libre-échange qu'ils exècrent, c'est celui de Ricardo dont la mondialisation de notre époque a amplement montré que ses fameux «avantages comparatifs» était plus assurément des inconvénients superlatifs.

Libre échange, donc, et dans des formes rhétoriques classiques. La *disputatio*, qui aiguise les différends, et la correspondance, qui les police.

Nos deux épistoliers sont ainsi d'accord pour voir dans la pandémie du covid la révélation éclatante de la crise du capitalisme et, dans sa gestion par les autorités, le tombeau de nos libertés. Ils se retrouvent encore pour voir dans le mouvement des Gilets jaunes la manifestation d'une juste révolte et la promesse de nouvelles formes de lutte.

Même concordance d'analyse lorsqu'il s'agit de s'alarmer du transhumanisme et de son projet faustien. Mais le désaccord s'installe lorsqu'il s'agit d'organiser la résistance. Quand André Bellon, en fils des Lumières, fait fond sur un humanisme à revivifier, Jean-Pierre Crépin n'a que commisération pour les Lumières franco-kantiennes dans lesquelles il ne voit qu'un «idéal romantique». La critique de la construction européenne les réconcilie. En contempteur des fossoyeurs de souveraineté nationale, pour l'un, en juge féroce du néolibéralisme, dont l'Europe aura été le plus stupide fourrier, pour l'autre.

Un dernier désaccord les oppose courtoisement. André Bellon en tient pour le régime représentatif tandis que Jean-Pierre Crépin a les yeux de Chimène pour les utopies de la démocratie directe. Mais, comme ce dernier consent à souscrire à l'idée d'un Constituante salvatrice, on peut dire qu'André Bellon ne se sera pas «disputé» pour rien.

Marc Riglet

Jean-Michel Décugis, Pauline Guéna et Marc Leplongeon
La Poudrière

Grasset, 2020, 240 p., 19 €

Jean-Michel Décugis et Marc Leplongeon sont journalistes, Pauline Guéna romancière. Ils se sont livrés à une exploration des milieux et réseaux de l'ultra-droite française. Par petites touches, ils décrivent une nébuleuse qui a pour objectif d'allumer la mèche qui fera exploser la poudrière...

Le feu couve. C'est le constat de nos trois auteurs. L'extrême droite n'a jamais vraiment disparu du paysage politique français depuis 250 ans, avec néanmoins des périodes plus ou moins fastes. Mais il est vrai que son grand retour à la faveur des urnes dans les années 1980 connait une confirmation indéniable depuis. Les candidats du Front, devenu Rassemblement national, se sont qualifiés deux fois pour le second tour de l'élection présidentielle à quinze ans d'écart. Les élections régionales ou européennes, où le scrutin proportionnel domine, leur assurent régulièrement des gains de sièges substantiels. Aux dernières élections municipales, en 2020, le Rassemblement national avait également enregistré de nouvelles progressions.

Mais ce n'est pas vraiment de cette extrême droite là, en quête de respectabilité, que les auteurs de *La Poudrière* nous entretiennent. Ils s'attachent bien plutôt à inventorier les mouvements activistes, les groupuscules entrainés au combat, ceux qui se préparent et espèrent la guerre civile et qui, finalement, ne se préoccupent pas vraiment des élections. Décugis, Guéna et Leplongeon décrivent une ultra-droite française particulièrement diverse par ses références idéologiques ou ses priorités d'action mais néanmoins unie par des caractéristiques et une culture communes : « *L'ultra droite est diverse et, même, divisée. Mais elle se rassemble autour de certaines constantes, qu'on retrouve dans toutes ses composantes et dans tous ses groupuscules, et qui sont la crainte et la haine de l'immigration, et la détestation de ce qu'ils appellent la globalisation. Ces thèmes sont habilement synthétisés et diffusés sous la forme du "grand remplacement", une théorie popularisée par Renaud Camus, selon laquelle la population "naturelle" européenne est en train d'être remplacée par une population allogène, massivement originaire d'Afrique et de Maghreb »*.

Le vieux fond antisémite qui avait prospéré sous la IIIe République est aujourd'hui moins présent, ou de manière plus diffuse : *« L'antisémitisme, qui a pu être un sujet de rassemblement, a perdu de sa vigueur pour une partie de l'ultra-droite, qui est aujourd'hui davantage obsédée par l'islam. Mais ils ont, parfois, un agenda commun, comme on l'a vu avec la Manif contre le mariage pour tous, les premiers actes des Gilets jaunes. Certains auraient voulu utiliser de la même façon la lutte contre la GPA ou contre le confinement, mais cela a moins pris »*, observent les auteurs. Les variantes de l'ultra-droite sont plus variées que jamais, et on trouve parfois de surprenantes connexions entre survivalistes et révisionnistes, skinhead et catholiques intégristes, anti-masques, anti-vaccins et groupes paramilitaires néo-nazis, royalistes et néo-fascistes païens...

Filiales européennes

A la lecture de *La Poudrière*, il apparait que l'ultra-droite semble davantage attendre, espérer ou provoquer la guerre civile que l'avènement du Rassemblement national au pouvoir. Comment pourrait-on qualifier les relations entre le parti dominant de l'extrême droite et les groupuscules plus ou moins organisés qui gravitent dans son orbite idéologique ? *« Le Rassemblement national, soucieux de son image, se méfie de certaines personnalités de l'ultra-droite*, nous expliquent les auteurs. *Yvan Benedetti - porte-parole du PNF et ancien président de l'Œuvre française - a par exemple été exclu par Marine Le Pen en 2011, en raison de son antisémitisme affiché et de son négationnisme. Mais il y a une certaine porosité avec certains groupes, notamment avec Génération identitaire, qui a été dissout en conseil des ministres récemment. Génération identitaire jouait le rôle d'école des cadres pour le RN. Philippe Vardon, par exemple, qui a fondé le Bloc identitaire en 2003, est membre du bureau national du RN - qui a d'ailleurs soutenu Génération identitaire avant sa dissolution. Plus généralement, l'ultra-droite a, a minima, un rapport de "vote utile" et le RN est son expression électorale naturelle, quelle que soit la diversité d'opinion en son sein »*.

Les auteurs évoquent aussi le parti néofasciste italien Casa Pound, qui semble pouvoir constituer un modèle pour nombre de petits mouvements de l'ultra-droite française. Il existe en effet des liens entre l'ultra-droite hexagonale et divers mouvements au plan européen voire international : « *Génération identitaire, qui avait quelques centaines d'adhérents en France -entre 500 et 800, moins que ce qu'ils revendiquent mais plus que la majorité des groupuscules, a essaimé à l'étranger et son influence dépasse à la fois le cadre de ses adhérents et les frontières. Elle est organisée dans une dizaine de pays où s'ouvrent des "franchises" avec le même emblème, les mêmes mots d'ordre : Autriche, Allemagne, Royaume-Uni, Italie... Génération identitaire a des filiales dans une dizaine de pays d'Europe* », relèvent Décugis, Guéna et Leplongeon.

« *La jeunesse européenne ultra se connaît, se fréquente, se rencontre,* poursuivent les auteurs de *La Poudrière. Des jeunes militants se sont formés lors du conflit en Ukraine, ils voyagent en Italie, certains sont allés en Syrie, on les retrouve aussi sur les différents théâtres de la crise migratoire, comme à Lesbos où certains étaient présents sur l'île de la Moria, avant qu'un incendie détruise le plus grand camp de réfugiés d'Europe. Aussi bien le RN que les groupuscules d'ultra-droite ont généralement une orientation pro-russe, bien que les choses aient été plus floues dans leur engagement dans la guerre en Ukraine où on les a retrouvés dans les deux camps* ».

Ennemis de la République

L'ultra-droite française a aussi su agréger dans certaines de ses composantes des officiers généraux à la retraite, des anciens gendarmes ou d'ex-policiers. Elle compte aussi des relais parmi les représentants des forces de l'ordre en activité, voire chez les hauts-fonctionnaires : « *Action française se targue de fournir des notes à des préfets et des directeurs de cabinet et d'être ainsi en lien avec la haute fonction publique. L'organisation terroriste AFO, démantelée en 2016, avait comme n°2 un membre de l'ambassade de France au Salvador. Plus récemment, des trafiquants d'armes dont deux étaient fichés ont été arrêtés par la BRB : l'un était chauffeur au ministère de la Défense, l'autre militaire. Ce sont des militaires qui fournissaient les armes* », indiquent les deux journalistes et la romancière.

La Manif pour tous en 2013 puis les Gilets jaunes en 2019 ont constitué pour l'ultra-droite des combats fédérateurs auxquels elle a pu s'agréger. Pourra-t-elle en générer elle-même ou ses divisions endémiques entraveront-elles cette option ? « *Pour l'instant, l'ultra-droite parait trop divisée pour imposer un agenda, elle se contente de réagir en opportuniste, à une loi, un décret, ou encore un attentat*, remarquent les trois auteurs. *Il y avait environ 1500 personnes pour manifester contre la dissolution de Génération identitaire, cela reste peu* ».

La séquence des attentats islamistes de masse de 2015 et 2016 puis celle des Gilets jaunes en 2019 ont secoué les institutions et rudement mis à l'épreuve la cohésion nationale. Le séparatisme islamiste et la mouvance radicale de l'ultra-gauche, incarnée notamment par les black blocks, concourent aussi à la préparation du «grand soir» tant attendu par l'ultra-droite, à savoir la fin de la République. A cet état de fait, les auteurs de *La Poudrière* fournissent la réponse suivante : « *Si la question est de savoir si la République a d'autres ennemis que l'ultra droite, la réponse est évidemment positive* ».

Philippe Foussier

BON DE COMMANDE

À RETOURNER PAR COURRIER À

Conform édition
Service Livres
3, rue Darboy 75011 Paris

[01 48 07 55 87
conform.edition@orange.fr]

TOUS NOS ENVOIS SONT RÉALISÉS SOUS PLIS NEUTRES ET OPAQUES

ACHAT INDIVIDUEL

Humanisme HS - A quoi travaillent les francs-maçons ?	17 € x ______	exemplaire(s) =	______ €
Frais de port additionnel pour expedition en France Métropolitaine	3 € x ______	exemplaire(s) =	______ €
Frais de port additionnel pour expedition Hors France Métropolitaine	5 € x ______	exemplaire(s) =	______ €
		TOTAL =	______ €

ACHAT COLLECTIF LOGE

FRAIS DE PORT OFFERTS !

COMMANDE PAR LA LOGE (PORT OFFERT)

De 3 à 10 exemplaires	16 € x ______	exemplaires =	______ €
De 11 à 20 exemplaires	15 € x ______	exemplaires =	______ €
Plus de 20 exemplaires	14 € x ______	exemplaires =	______ €
		TOTAL =	______ €

Nom ______________________ Prénom ______________________
Loge (optionnel) ______________________
Adresse ______________________
CP ______________________ Ville ______________________
Tél ______________________ Fax ______________________
Courriel ______________________ @ ______________________

Réglement carte bancaire (Carte Bleue, Visa, Mastercard) : ____/____/____/____ Expire le __/__ Cryptogramme : ___.
ou par chèque payable en France à l'ordre de Conform édition.

www.conform-edit.com

Le livre Blanc APRÈS

BON DE COMMANDE

À NOUS RETOURNER PAR COURRIER À
Conform édition - Service Livres -
3, rue Darboy 75011 Paris
[01 48 07 55 87 • conform.edition@orange.fr]

19€*

NOUVEAU

UN OUVRAGE DE 270 PAGES

Le citoyen, l'état, le monde : - Citoyenneté - Culture - La Culture dans tous ses états - Démocratie - Notre Démocratie questionnée - Droits et Libertés - L'école d'Après - Écologie - Une économie repensée - Ensemble - Europe - Industrie - Le Travail - La Migration, une question vive - Pour un droit à la mobilité durable inconditionnelle - Le numérique - La République - La Santé - La science en débat - Les Services Publics - Solidarité - Afrique

L'individu et la société : - L'Individu et la Société - L'autre, le partage, la solidarité - Citoyenneté - Libertés - La Solidarité à l'épreuve de l'individu - Éthique

Un nouvel horizon : - Utopie pour un demain proche - Le jour d'après, ... retour vers le futur - De quoi sommes-nous riches ? - Humanisme - Pour un Humanisme écologique - De la psychologie - La Maladie, la Mort, le Deuil, la Valeur de la Vie - Laïcité, un futur républicain - Un autre temps - Qu'avons-nous appris de cette crise ? - Une nouvelle Solidarité - Valeurs et éthique - La Maçonnerie : un questionnement continu - Liste des Loges contributives

---

- ACHAT INDIVIDUEL ou ACHAT GROUPÉ COLLECTIF -

ACHAT À L'UNITÉ (*frais de port, France métropolitaine inclus) ...... 19 €* x ______ exemplaire(s) = ______ €
Frais de port supplémentaires, étranger et hors france métropolitaine ...... 3 € x ______ exemplaire(s) = ______ €
TOTAL = ______ €

SI ACHAT GROUPÉ COLLECTIF ... Important >> frais de port France métropolitaine inclus
De 3 à 10 exemplaires ...... 17 € x ______ exemplaires = ______ €
De 11 à 20 exemplaires ...... 16 € x ______ exemplaires = ______ €
Plus de 20 exemplaires ...... 15 € x ______ exemplaires = ______ €
Frais de port supplémentaires, étranger et hors france métropolitaine ...... 3 € x ______ exemplaire(s) = ______ €
TOTAL = ______ €

Nom ______ Prénom ______
Loge (optionnel) ______
Adresse ______
CP ______ Ville ______
Tél ______ Fax ______
Courriel ______ @ ______

Réglement carte bancaire (Carte Bleue, Visa, Mastercard) : _ _ _ _ / _ _ _ _ / _ _ _ _ / _ _ _ _ Expire le _ _ / _ _ Cryptogramme : _ _ _.
ou par chèque payable en France à l'ordre de Conform édition.

www.conform-edit.com